PATRIZIA PALME

me & you

PATRIZIA PALME

me & you

UNSERE PERFEKTE HOCHZEIT
EINFACH SELBST GEPLANT

VORWORT

Ich freue mich sehr, dass ihr euch für mein Buch entschieden habt,
und möchte euch zuallererst zu eurer Verlobung gratulieren.

Kurz zu mir: Ich heiße Patrizia, bin Mitte zwanzig und hatte das Glück, am 19. Juli 2019 meinem Mann Dennis das Jawort geben zu dürfen. Natürlich verlief bei unserer Planung und auch bei unserer Hochzeit selbst nicht alles glatt und reibungslos. Genau aus diesem Grund möchte ich in diesem Buch meine Erfahrungen, Tipps und Tricks mit euch teilen. Die Planungsphase einer Hochzeit ist eine wahnsinnig schöne, aufregende und besondere Zeit.

Aber lasst uns von vorne beginnen. Dennis hat mir im März 2018 zu unserem 10-jährigen Jubiläum einen Antrag in Paris vor dem Eiffelturm gemacht. Nach unserem gemeinsamen Dinner haben wir uns damals dazu entschieden, noch einen Spaziergang durch die Stadt zu machen. Als wir unser Ziel, den Eiffelturm, kurz vor Mitternacht erreichten, hat Dennis mich gefragt, ob ich seine Frau werden möchte. Dieser Tag war für uns beide sehr emotional und besonders. Ich konnte, als wir abends gemeinsam im Bett lagen, immer noch nicht glauben, dass ich meine Jugendliebe heiraten würde. Wenn ich ehrlich bin, war mir in diesem Moment auch nicht bewusst, wie aufregend und emotional die nächsten eineinhalb Jahre werden würden.

Mit der gemeinsamen Planung haben wir schon kurze Zeit später begonnen. Wir haben uns damals bewusst gegen eine Weddingplanerin oder einen Weddingplaner entschieden, da es zum einen ein großer Kostenpunkt ist und ich zum anderen gerne selbst unsere Hochzeit planen wollte. Meine Highlights waren definitiv meine erste Brautkleidanprobe, unser gemeinsamer Tanzkurs, die gemeinsamen Abende mit unserem Pastor und der Termin zum Aussuchen unserer Eheringe.
Auch auf euch warten in den nächsten Monaten viele traumhafte Momente!

Die Vorfreude, das kann ich euch jetzt schon sagen, ist das Schönste. Wir haben unsere Hochzeit komplett selbst geplant und hätten wir damals dieses Buch und den Planer zur Hand gehabt, hätte es uns einiges erleichtert.

Ich wünsche euch ganz viel Spaß und Erfolg bei eurer Planung mit meinem Buch!

Eure Patrizia

Die ersten Schritte

Schritte

Von der Verlobung bis zum großen Tag

DIE PLANUNG

Dieser Zeitstrahl gibt euch einen ersten Überblick über die wichtigsten Punkte der Hochzeitsplanung. Im Planer findet ihr auf den Seiten 4–7 eine detaillierte Checkliste, deren Punkte ihr im Laufe eurer Planung abhaken könnt.

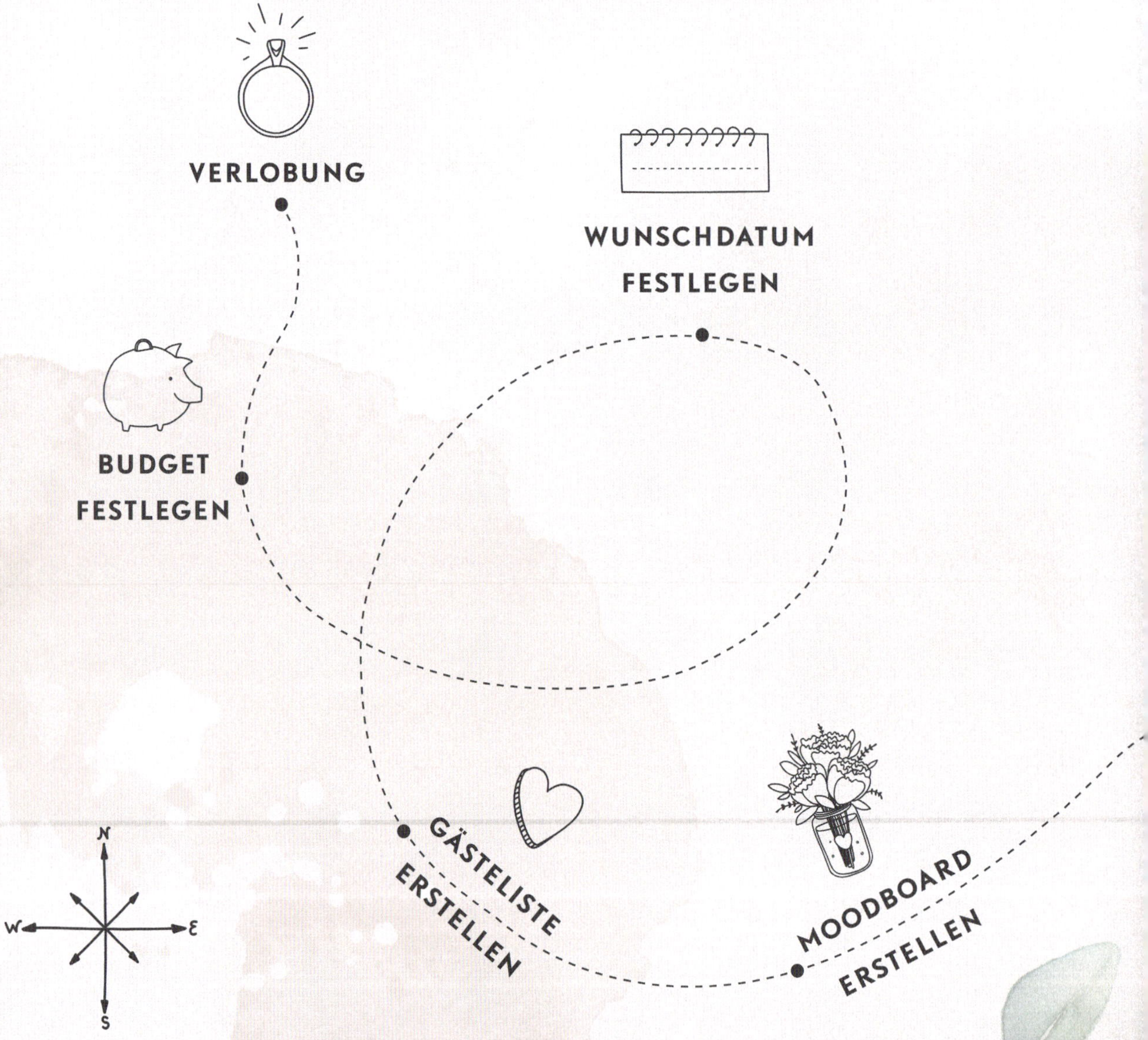

VERLOBUNG

WUNSCHDATUM FESTLEGEN

BUDGET FESTLEGEN

GÄSTELISTE ERSTELLEN

MOODBOARD ERSTELLEN

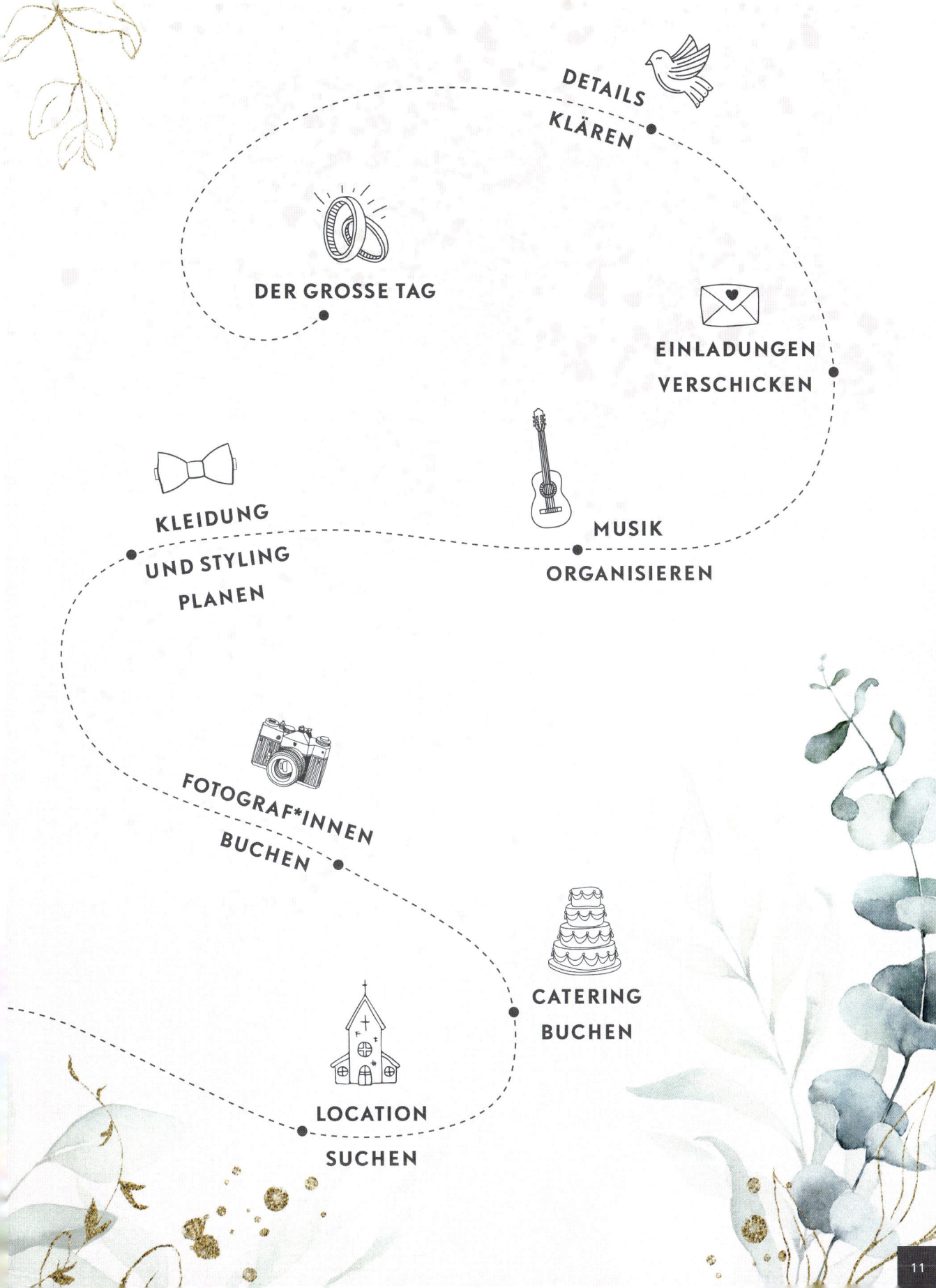

DETAILS
KLÄREN

DER GROSSE TAG

EINLADUNGEN
VERSCHICKEN

KLEIDUNG
UND STYLING
PLANEN

MUSIK
ORGANISIEREN

FOTOGRAF*INNEN
BUCHEN

CATERING
BUCHEN

LOCATION
SUCHEN

PLANUNG MIT BUCH UND PLANER

Dieses Buch leitet euch durch eure Planung. Daher findet ihr für die verschiedenen Themen je ein Kapitel. Es gibt Tipps und Infos, die ich gerne schon bei der Planung gehabt hätte und die ich euch an die Hand geben möchte. Außerdem findet ihr hier auch Inspiration für verschiedene Stile und DIY-Ideen. Der Planer dient euch dann als Notizheft für eure eigenen Vorbereitungen. Ihr könnt dort die Gästeliste festhalten, einen Überblick über die Zu- und Absagen behalten, die Sitzordnung planen, Notizen zu den verschiedenen Locations sowie die wichtigsten Ansprechpartner auflisten und vieles mehr.

Lest euch also einfach von vorne nach hinten durchs Buch oder springt von Thema zu Thema, je nachdem wie ihr plant. Die für mich wichtigsten Punkte einer Hochzeit möchte ich euch im Vorhinein schon einmal im Überblick nennen:

TRAUREDNER*IN

Wenn ihr euch für eine freie Trauung entscheidet, finde ich es sehr wichtig, eine tolle Rednerin oder einen tollen Redner zu finden. Die Traurede ist einer der wichtigsten und emotionalsten Momente am Hochzeitstag. Aber auch bei einer kirchlichen Trauung ist es wichtig, dass ihr eine Verbindung zu eurer Pfarrerin oder eurem Pfarrer habt. Mehr Infos zur freien Trauung findet ihr auf Seite 22.

FOTOGRAF*IN & VIDEOGRAF*IN

Man plant lange im Voraus diesen unvergesslichen und besonderen Tag. Aus diesem Grund finde ich es um so wichtiger, dass man zur Erinnerung tolle und vor allem emotionale Bilder und ein unvergessliches Hochzeitsvideo nach dem eigenen Geschmack hat. An einer Hochzeit kommen die engsten Freunde, Verwandten und Bekannten zusammen, die man in dieser Konstellation wahrscheinlich nie wieder sehen wird. Die Fotos, welche an diesem Tag geschossen werden, bleiben euch für immer. Alles rund ums Thema Fotos findet ihr ab Seite 83.

CATERING

Eine Hochzeit kann sich für die Gäste zwischendurch auch mal in die Länge ziehen. Um die Stimmung beizubehalten, ist ein gutes Catering und die richtige zeitliche Einteilung von Speisen und Getränken natürlich sehr wichtig. Ab Seite 69 findet ihr mehr Infos zum Thema Essen und Catering.

BAND

An unserer Hochzeit war die Band, die nach der Trauung und während es Kaffee und Kuchen gab spielte, ein absolutes Highlight. Mit der richtigen Musik kommt bei eurer Hochzeit richtig Stimmung auf! Ab Seite 105 gibt's noch mehr Infos zum Thema Musik.

WANN UND WIE FANGEN WIR MIT DER PLANUNG AN?

Ich empfehle euch, so früh wie möglich, jedoch spätestens ein Jahr vor dem geplanten Hochzeitstermin mit der Planung zu beginnen. Der erste Punkt in der Planung ist definitiv das Budget, welches ihr für eure Traumhochzeit ausgeben wollt. Wichtig dabei ist, für jeden Kostenpunkt ein ungefähres Budget festzulegen. Fast jedes Paar gibt am Ende mehr Geld aus als eigentlich geplant. Umso wichtiger ist es, direkt am Anfang ein Budget festzulegen, das man während der Planung im Auge behalten kann. Als Nächstes solltet ihr ein Gefühl für verschiedene Hochzeitslocations bekommen und die eine oder andere Location besichtigen. Habt ihr schon ein Wunschdatum? Dann klärt am besten vor der Besichtigung ab, ob dieses noch verfügbar ist.

Foto- und Videograf*innen sind oftmals schon weit im Vorfeld ausgebucht. Hört euch am besten einmal um und lasst euch Kostenvoranschläge zukommen. Wenn ihr noch kein genaues Wunschdatum habt, könnt ihr euch nach den freien Terminen in eurer Wunschlocation richten. So haben wir es damals auch gemacht.

Habt ihr diese drei Punkte, also Budget, Location und Fotos, festgelegt, seid ihr schon einen großen Schritt in eurer Planung vorangeschritten!

- Budget, Termin und Art der Trauung festlegen

- Gästeliste erstellen

- Location und Fotograf*in buchen

- Save-the-Date-Karten verschicken

12–10 MONATE VOR DER HOCHZEIT

- Stil festlegen und Mood-board erstellen
- Outfits kaufen
- Musik buchen
- Standesamt festlegen
- Hochzeitsreise buchen
- Einladungen verschicken

10–6 MONATE VOR DER HOCHZEIT

- Menü, Getränke und Torte festlegen
- Eheringe bestellen
- Styling, Floristik, Deko buchen
- Accessoires besorgen
- DIYs umsetzen
- Sitzplan erstellen
- Ablauf festlegen

6–2 MONATE VOR DER HOCHZEIT

- Letzte Rücksprachen und Vorbereitungen
- Alles bereitlegen

1–2 WOCHEN VOR DER HOCHZEIT

- Dokumente und Eheringe einpacken
- Tasche mit Taschen-tüchern, Deo, Puder usw. packen
- Trinkgelder für Dienst-leister bereithalten
- Ablaufplan mit Trau-zeug*innen durchgehen

AM TAG VOR DER HOCHZEIT

- Freuen, feiern, genießen!

AM TAG DER HOCHZEIT

Das Budget

Festlegen und einhalten

DAS HOCHZEITSBUDGET FESTLEGEN

Das Hochzeitsbudget festzulegen, ist der erste wichtige Punkt in eurer Planung. Ihr solltet euer Budget auf jeden Fall bereits ganz am Anfang gemeinsam besprechen und festlegen, denn nur so könnt ihr es im Auge behalten. Besprecht ganz offen, was eure Hochzeit kosten darf.

Ein erster wichtiger Anhaltspunkt ist die Anzahl der Gäste, denn Essen und Getränke sind immer einer der größten Kostenpunkte. Es wird beim Catering nämlich pro Gast gerechnet und meistens schlägt das pro Person mit 80 bis 150 €

zu Buche. Am besten, ihr setzt euch zu jedem einzelnen Punkt ein grobes Budget, welches ihr nicht überschreiten wollt. So behaltet ihr immer den Überblick.

PRIORITÄTEN SETZEN

Werdet euch darüber klar, was euch ganz besonders wichtig ist. Wir haben zum Beispiel großen Wert auf unser Catering, die Hochzeitsfotos und das Hochzeitsvideo sowie die Blumendeko gelegt. Aus diesem Grund waren dort auch die

Zeit bleibt euch, um Preise zu vergleichen und die günstigsten Angebote und Dienstleiser zu wählen.

– SPARTIPPS –

> Mit tollen selbst gemachten DIYs könnt ihr an der einen oder anderen Stelle Geld einsparen. Ihr findet hier im Buch zum Beispiel DIYs zu Tischdeko (s. S. 58–59) oder Gastgeschenken (s. S. 30–33).
> Freitags oder unter der Woche sind die Preise der Hochzeitslocations meistens günstiger.
> Wählt ihr saisonale und regionale Blumen aus, sind diese günstiger als importierte Blumen.

größten Kosten für unsere Hochzeit verteilt. Vielleicht setzt ihr eure Prioritäten jedoch ganz anders. Spart auf keinen Fall an den Dingen, die euch besonders am Herzen liegen. Wir hatten uns damals sofort in unsere Location verliebt, obwohl sie preislich nicht unbedingt in unserem Rahmen lag. Dafür haben wir dann an anderen Punkten wieder etwas eingespart.

WIE KANN MAN SPAREN?

Es ist hilfreich, sich Kostenvoranschläge der verschiedenen Dienstleister einzuholen, die ihr anschließend miteinander vergleichen könnt. Auch die kleinen versteckten Kostenpunkte sollte man auf keinen Fall vergessen. Denn auch Posten wie zum Beispiel die Änderungen am Brautkleid oder am Anzug, Trinkgelder, Essen für die Dienstleister und so weiter addieren sich schnell. Natürlich gibt es bei den Kosten nach oben keine Grenzen. Aber nicht jedes Paar möchte für einen einzigen Tag so viel Geld in die Hand nehmen. Je früher ihr mit eurer Planung beginnt, umso mehr

Damit ihr euch einen ungefähren Überblick über die Größe der einzelnen Kostenpunkte machen könnt, gibt es in fast jedem Kapitel eine kleine Budgetliste, die euch anzeigt, welche Bestandteile wie viel eures Budgets in Anspruch nehmen. So könnt ihr auch leichter entscheiden, was wegfallen kann.

– TIPP –

In meinem Planer findet ihr auf den Seiten 8–11 eine ausführliche Tabelle für eure Budgetplanung.

DIE KOSTENVERTEILUNG

Hier findet ihr eine grobe Kostenverteilung der verschiedenen Punkte.
Natürlich ist nicht immer alles für jede Hochzeit relevant,
aber so erhaltet ihr einen guten Überblick.

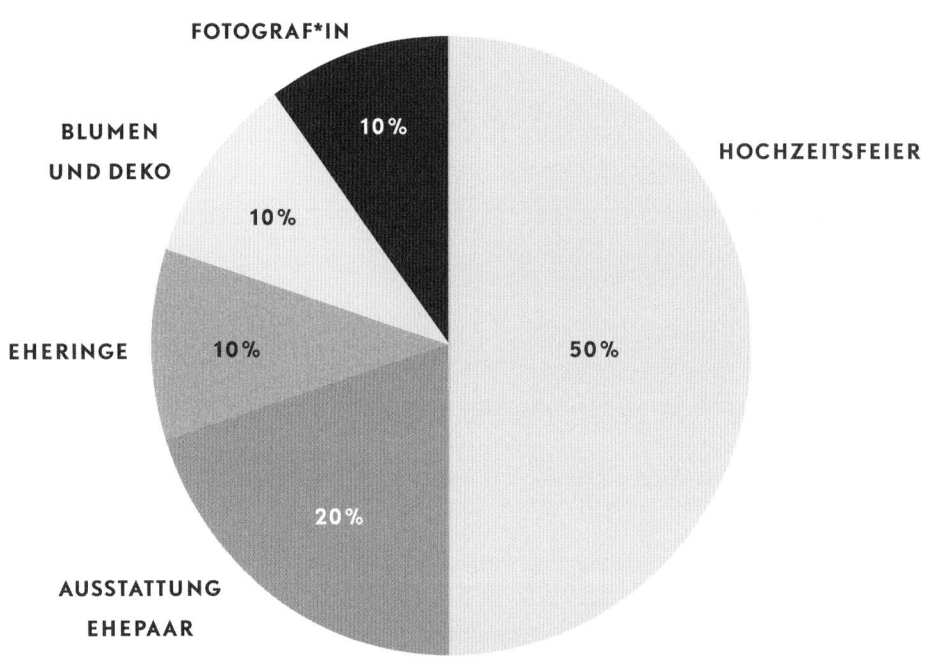

Diese Aufstellung zeigt euch nur einen groben Überblick darüber, wie viel Prozent eures Budgets in etwa für die verschiedenen Posten verwendet werden. Legt ihr beispielsweise viel Wert auf die Dekoration, kann dieser Punkt durchaus mehr in Anspruch nehmen.

Um euch eine grobe Orientierung zu geben, habe ich hier eine kleine Übersicht der Preise für euch. Das sind natürlich alles nur grobe Preisspannen. Je nachdem wo ihr feiert und wie ihr eure Hochzeit gestalten wollt, liegt euer Budget bei dem ein oder anderen Punkt vielleicht etwas darüber oder darunter.

WAS	UNGEFÄHRE KOSTEN
Location (inkl. Miete, Reinigung etc.)	0 bis 2000 €
Catering & Getränke	100 bis 150 € pro Person
Papeterie	5 bis 25 € pro Person
Dekoration & Floristik	800 bis 3000 €
Fotograf*in	800 bis 2000 €
Videograf*in	600 bis 2000 €
Freiredner*in	800 bis 1000 €
Gebühren (Kirche, Standesamt)	60 bis 200 €
Brautkleid	700 bis 3000 €
Schmuck (jeweils)	50 bis 300 €
Anzug	500 bis 1000 €
Schuhe (jeweils)	100 bis 350 €
Styling (jeweils)	50 bis 400 €
Ringe	900 bis 2000 €
Auto	300 bis 500 € pro Tag
Band (für mehr als 8h)	ca. 1500 €
DJ/DJane	500 bis 1000 €
Fotobox	150 bis 300 €
Café-Bus	ca. 1500 €
Torte	200 bis 800 €
Candy Table	ca. 100 €
DIYs	150 bis 300 €
Fotobuch	30 bis 300 €
Trinkgeld	ca. 5 bis 10 % der jeweiligen Leistung

Die Gäste

Feiern mit den Liebsten

DIE GÄSTELISTE

»Sollen wir meine Großtante Johanna einladen?«
»Nein Schatz, die habe ich in unserer langjährigen Beziehung
höchstens zwei Mal gesehen.«

Ja, die Gästeliste ist für viele Paare kein einfaches Thema. Fest steht jedoch, dass die Auswahl der Gäste die Party ausmacht und dass die Gäste zu eurem einzigartigen Tag viel beitragen. Falls ihr euch schon für eure Traumlocation entschieden habt, dann solltet ihr dort einmal nachfragen, mit wie vielen Leuten man in dieser feiern kann. Ihr könnt aber auch genau anders herum beginnen und erst einmal schauen, mit wie vielen Gästen ihr feiern möchtet, und sucht dann gezielt nach Locations, bei denen das möglich ist. Für eure Gästeliste findet ihr im Planer auf den Seiten 12–17 eine Tabelle, in der ihr alle wichtigen Infos eintragen könnt und diese immer beisammen habt.

Auch das Hochzeitsbudget hängt ganz von der Anzahl der Gäste ab. Wie schon bei der Budgetplanung erwähnt, rechnet man bei den Speisen und Getränken pro Person. Nicht nur dort, sondern auch bei der Papeterie sowie den Gastgeschenken spielt die Anzahl der Gäste eine Rolle.

Aus eigener Erfahrung empfehle ich euch, nur Personen einzuladen, die euch wirklich am Herzen liegen und bei denen ihr immer ein gutes Gefühl habt. Setzt euch am besten an einem gemütlichen Abend zusammen und schreibt einmal die Namen auf, die euch gleich zu Beginn einfallen. Im nächsten Schritt ordnet ihr die Gäste nach Kategorien: Erst einmal alle Verwandten ersten Grades, darauf folgen die Trauzeug*innen sowie die engsten Freunde. Ganz zum Schluss die entfernteren Verwandten, Arbeitskollegen und Bekannten. Überlegt euch ganz genau, wer auf keinen Fall fehlen darf, wer euch wichtig ist und auch wen ihr vielleicht nicht so gern dabei haben möchtet.

Falls ihr in einem Verein seid oder eine große Verwandtschaft habt und euch einfach nicht entscheiden könnt, gibt es noch die Option eines Polterabends (s. S. 152). Außerdem könnt ihr ausgewählte Gäste nur zur Trauung und zum anschließenden Kaffeetrinken einladen. Auf diese Idee sind wir leider erst ein paar Tage vor unserer Hochzeit gekommen. Ich hätte gerne noch die Freundinnen und den Partner meiner Mama zur Zeremonie und dem anschließenden Tortenanschnitt eingeladen. Da unsere Hochzeit aber an einem Freitag stattgefunden hat, haben sie leider nicht so spontan freibekommen.

– NICHT VERGESSEN –

Es ist euer Tag und ihr entscheidet, wen ihr an diesem besonderen Tag teilhaben lassen wollt!

DER SITZPLAN

An das Erstellen unseres Sitzplans erinnere ich mich eher ungern zurück. Ich weiß noch, wie ich im Flugzeug nach Hawaii mit unserem Plan begonnen habe. Für uns war es schwierig zu entscheiden, wer am besten wo und mit wem sitzen könnte. Das lag auch daran, dass sich die einen oder anderen Gäste leider nicht miteinander verstanden. Mit unserem finalen Sitzplan haben wir aber zum Glück alles richtig gemacht. Wir haben uns für die Variante Hochzeitspaartisch mit den Trauzeug*innen und deren Partner*innen entschieden. Unser Tisch stand gut sichtbar am Ende der langen Tafeln, sodass wir für jeden Gast gut zu sehen waren.

In der vordersten Reihe saßen unsere Eltern sowie die engsten Freunde und Verwandte.

Als ersten Step empfehle ich euch, in eurer Location einmal nach den Tischformen und der möglichen Anordnung der Tische zu fragen. Ganz wichtig ist auch, wie viele Stühle an einen Tisch passen. Möchtet ihr eine oder mehrere lange Tafeln haben, dann fällt zum Beispiel der Sitzplatz am Tischende weg.
Sobald ihr wisst, welche Form eure Tische haben und wie ihr die Tische anordnen wollt, könnt ihr mit der Planung beginnen. Im Planer habt ihr auf den Seiten 18–19 Platz, um eure

Tische aufzuzeichnen. Anschließend könnt ihr all die Namen eurer Gäste auf Washi Tape oder Haftnotizzettel schreiben und anfangen, den Gästen einen Platz zuzuordnen. Durch diese Variante könnt ihr auch ganz einfach Gäste umsetzen und verschiedene Varianten testen.

Ein paar Dinge könnt ihr außerdem beachten: Gibt es einen Außenbereich, könnt ihr darüber nachdenken, Familien mit Kindern in die Nähe der Tür zu setzen. So können sie schnell mal nach draußen schlüpfen, wenn die Kleinen ungeduldig werden. Ältere Gäste solltet ihr nicht an den Musikboxen platzieren. Auch reine Singletische sind nicht mehr zeitgemäß. Gleichzeitig solltet ihr darauf achten, Singles nicht an einen reinen Pärchentisch zu setzen. Überlegt euch also am besten, wer sich vom Charakter her gut miteinander verstehen könnte, und traut euch auch, Freunde und Familie durchzumischen.

- TIPP -

Falls euch die Tische und Stühle in eurer Location überhaupt nicht gefallen, gibt es auch die Möglichkeit, bei einem Verleihservice andere Tische und Stühle für diesen Tag auszuleihen. Oder ihr nutzt Tischdecken und Hussen, um die Stühle und Tische zu verdecken.

SITZPLAN – MÖGLICHKEITEN

Hier zeige ich euch ein paar Beispiele, wie ihr eure Tische stellen könnt. Es gibt natürlich viele unterschiedliche Möglichkeiten, die auch von den Räumlichkeiten eurer Traumlocation abhängen. Mit diesen klassischen Tischformen könnt ihr aber wenig falsch machen!

TISCHFORMEN

I-FORM

Eine lange Tafel bietet sich bei einer kleineren Hochzeitsgesellschaft an. Natürlich sollte die Tafel auch in die Räumlichkeiten passen. Man kann zwei Tische mit der langen Seite aneinanderstellen und sie mit einer Tischdecke verbinden. So entsteht mehr Platz auf dem Tisch.

E-FORM

Eine lange Tafel, von der drei weitere Tischelemente abgehen. Diese Sitzordnung bietet sich bei einer mittelgroßen Gästeanzahl an. Jeder der Gäste hat eine gute Sicht auf das Hochzeitspaar. Wir haben uns auch für diese Variante entschieden. Nur war der Hochzeitspaartisch mit unserem Trauzeugen und unserer Trauzeugin nicht mit den drei langen Tafeln verbunden, sondern stand frei.

U-FORM

Hier sind alle Tische miteinander verbunden. In der Mitte bleibt Platz für Spiele, Reden und Ähnliches. Ich würde den Hochzeitspaartisch vor die offene Seite des Us stellen. Alternativ kann sich das Hochzeitspaar auch an die obere Seite setzen. Somit haben alle Gäste eine tolle Sicht auf das Ehepaar.

T-FORM

Die T-Form eignet sich gut, wenn ihr gerne viele Menschen an eurem Hochzeitspaartisch sitzen haben möchtet. So könnt ihr den Tisch ein wenig vergrößern, ohne direkt eine lange Tafel zu haben.

I-FORM

E-FORM

U-FORM

T-FORM

GASTGESCHENKE

DIE GASTGESCHENKE

Ein Gastgeschenk ist nicht nur eine
tolle Aufmerksamkeit, sondern für
eure Gäste auch eine schöne Erinnerung an euren wundervollen Tag.
Es ist kein Muss, jedoch werden sich
eure Gäste über die kleine Aufmerksamkeit sehr freuen. Es muss auch
nicht immer etwas Gekauftes sein,
manchmal ist etwas Selbstgemachtes
viel persönlicher. Ich habe mir deshalb einige DIYs für euch ausgesucht.

SELBST GEMACHTER ROSMARINSIRUP

Dieses Gastgeschenk ist natürlich op-
timal, wenn ihr auch ein Hochzeits-
getränk mit Rosmarinsirup ausge-
wählt habt. Somit können sich eure
Gäste den Cocktail zu Hause selbst
mixen und in Erinnerungen an euren
Tag schwelgen. Das Rezept findet ihr
auf der Seite 75.

KLEINE KAKTEEN

Ganz nach dem Motto »Let love
grow« habe ich mich bei unserer
Hochzeit für süße Kakteen als Gast-
geschenke entschieden. Diese haben
Katrin und ich mit einem Juteband
umwickelt. Verschiedene Stempel
vollenden noch den feierlichen Look.

Ihr könnt auch den Namen des Gastes auf den Topf lettern,
dann ist das Gastgeschenk gleichzeitig das Namensschild.
Die Anleitung findet ihr auf der Seite 32.

– SPARTIPP –

Wickelt kleine einzeln verpackte Süßigkeiten
in Packpapier ein und schreibt den Namen des
Gastes darauf. So habt ihr ein günstiges Gastgeschenk und Namensschild in einem!

SELBST GEMACHTE SEIFEN

Eine selbst gemachte Seife ist ein besonderes und schönes Gastgeschenk, das ihr eurem Farbkonzept ganz individuell anpassen könnt.

FÜR 9 SEIFEN:

> **1 kg transparente Glycerin-seife (aus der Apotheke oder dem Drogeriemarkt)**
> **Duftöl eurer Wahl**
> **Getrocknete Blütenblätter (Aber aufgepasst: Lila Blüten verfärben sich grün!)**
> **Seifenformen aus Silikon oder Muffinformen**

SO GEHT'S:

1 Die Glycerinseife im heißen Wasserbad schmelzen und ein Duftöl eurer Wahl hinzugeben.

2 Die Blütenblätter in die Förmchen füllen.

3 Die Förmchen mit der flüssigen Seife bis zur Hälfte auffüllen. Die Seife kurz abkühlen lassen.

4 Die Förmchen noch mal mit Blüten-blättern und einer zweiten Schicht Seife auffüllen und alles abkühlen lassen.

5 Nun könnt ihr eure Seifen nach Be-lieben einpacken und verzieren.

KAKTEEN ALS GASTGESCHENK

Mini-Kakteen oder -Sukkulenten sind nicht nur eine schöne Deko, sondern auch ein tolles Gastgeschenk, das eure Gäste noch lange an eure Hochzeit erinnern wird. Und sie sind ganz einfach zu machen.

FÜR 5 KAKTEEN:

> **Grober Stoff**
> **5 Mini-Kakteen im Töpfchen**
> **Stoffbänder**
> **5 Papierschilder**
> **5 Mini-Wäscheklammern**

SO GEHT'S:

1 Schneidet von dem Stoff so viel ab, dass ihr ihn um die Kakteentöpfchen legen könnt. Das muss nicht ganz akkurat sein, ein bisschen unperfekt ist gerade richtig.

2 Befestigt den Stoff mit je einem Stück Band und bindet eine Schleife.

3 Beschriftet die Papierschilder, z. B. mit den Worten »Let love grow« oder nutzt sie als Namenskärtchen. Dann befestigt ihr die Papierschilder mit den Mini-Wäscheklammern an dem Topfrand. Fertig ist euer langlebiges Gastgeschenk zum Mitnehmen!

Findet euren Stil

Inspiration und Ideen

IDEEN- UND INSPIRATIONSSUCHE

Ich würde hier definitiv zuallererst auf Instagram, Pinterest sowie auf YouTube stöbern. Auf Instagram könnt ihr beispielsweise unter den Hashtags #wedding #weddingdress #hochzeit #weddingflowers #weddinglocation #hochzeitspapeterie #weddinghair #weddingfashion #weddingdecor fündig werden. Dasselbe gilt auch für Pinterest. In beiden Apps könnt ihr Ordner anlegen, in denen ihr eure Favoriten abspeichern könnt. Auf YouTube haben wir damals Hochzeitsvideos angeschaut und uns die Abläufe und bestimmte Produkte rausgeschrieben, welche uns besonders gut gefallen haben. Außerdem könnt ihr euch auch auf Hochzeitsmessen inspirieren lassen. Es gibt eigentlich das ganze Jahr über Termine. Schaut also einfach mal, wann eine Messe in eurer Nähe stattfindet. Dort stellen dann meist auch Dienstleister aus der Gegend aus, sodass ihr gleich passende Fotograf*innen, Florist*innen etc. kennenlernen könnt.

Ihr werdet schnell merken, in welche Richtung euer Geschmack geht. Wenn ihr euren Stil gefunden habt solltet ihr am besten nicht noch weiterschauen, dies verunsichert euch nur unnötig.

Auf den nächsten Seiten stelle ich euch vier Hochzeitsstile vor. Sie sollen euch als Inspiration dienen, denn innerhalb der Stile seid ihr in Bezug auf Deko, Farben und Blumen superflexibel und könnt nach eurem Geschmack auswählen. Trotzdem bietet euch der Stil einen Leitfaden, an dem ihr euch orientieren könnt.

DIE BOHO-HOCHZEIT

Boho ist die Abkürzung von Bohemian. Die sogenannten Boho-Hochzeiten sind gerade voll im Trend, was ich zu 100 % nachvollziehen kann. Der Boho-Stil bietet euch eine Hochzeit ganz nach eurem Geschmack, ohne genaue Regeln und Vorschriften. Ich liebe den Charme dieses Stils. Unsere Hochzeit war auch im Boho-Stil und passend dazu war auch die Stimmung sehr locker.

DIE FLOWER-POWER-HOCHZEIT

Im Mittelpunkt dieses Hochzeitsstils stehen viele verschiedene frische Blumen, die eurer Hochzeit Ausdruck und Charme verleihen. Hier empfiehlt es sich, bereits am Anfang ein Farbkonzept zu wählen. Es bieten sich alle möglichen Farbkombinationen an. Die Blumen können sich in der Papeterie, im Haarschmuck, auf der Torte, im Traubogen, im Blumenstrauß sowie bei den Gastgeschenken wiederfinden.

DIE MINIMALISTISCHE HOCHZEIT

Minimalistisch leben ist heutzutage bei vielen Menschen ein großes Thema. Es gilt: Weniger ist mehr. Dies ist auch bei der eigenen Hochzeit möglich. Zum Beispiel mit schlichten Hochzeitsoutfits, einem Naked Cake und schmalen Eukalyptusläufern oder einzelnen Rosen in Glasvasen mit ein paar Kerzen auf dem Tisch als Deko. Eine minimalistische Hochzeit setzt den Fokus auf das Allerwichtigste: euch als Hochzeitspaar.

DIE GLAM-HOCHZEIT

Eine Glam-Hochzeit ist genau passend für Paare, die es gerne glitzernd und funkelnd mögen. Das Farbkonzept ist hier eher hell, kann aber auch mit kräftigen Farbakzenten ergänzt werden. Viele Blumen, Kerzen, goldene Details im Besteck oder in der Papeterie sowie Luftballons, Lichterketten und Leuchtbuchstaben lassen eure Hochzeit funkeln.

BOHO

> Pampasgras

> Makramees

> Hochzeitskleider mit tiefen Rückenausschnitten und Fledermausärmeln

> Männer mit lockeren Anzügen und bunten Fliegen

> Perserteppiche

> Freie Trauungen

> Entspannte Hochzeitsatmosphäre

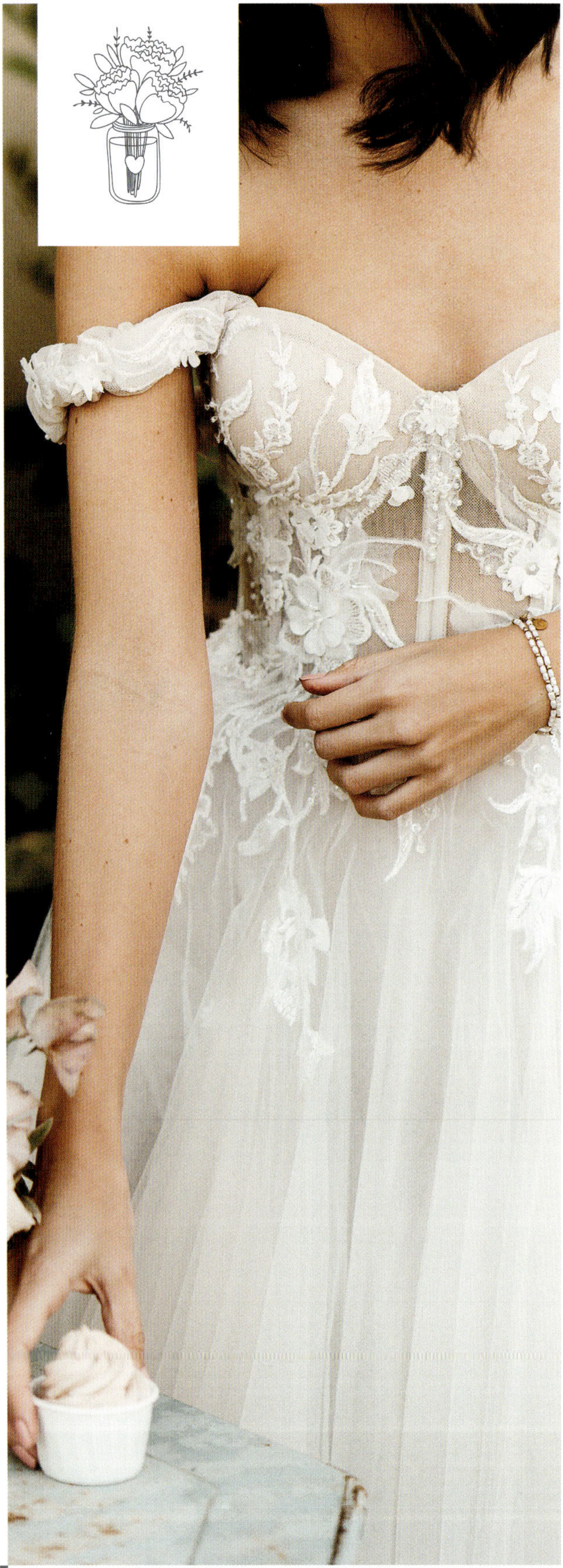

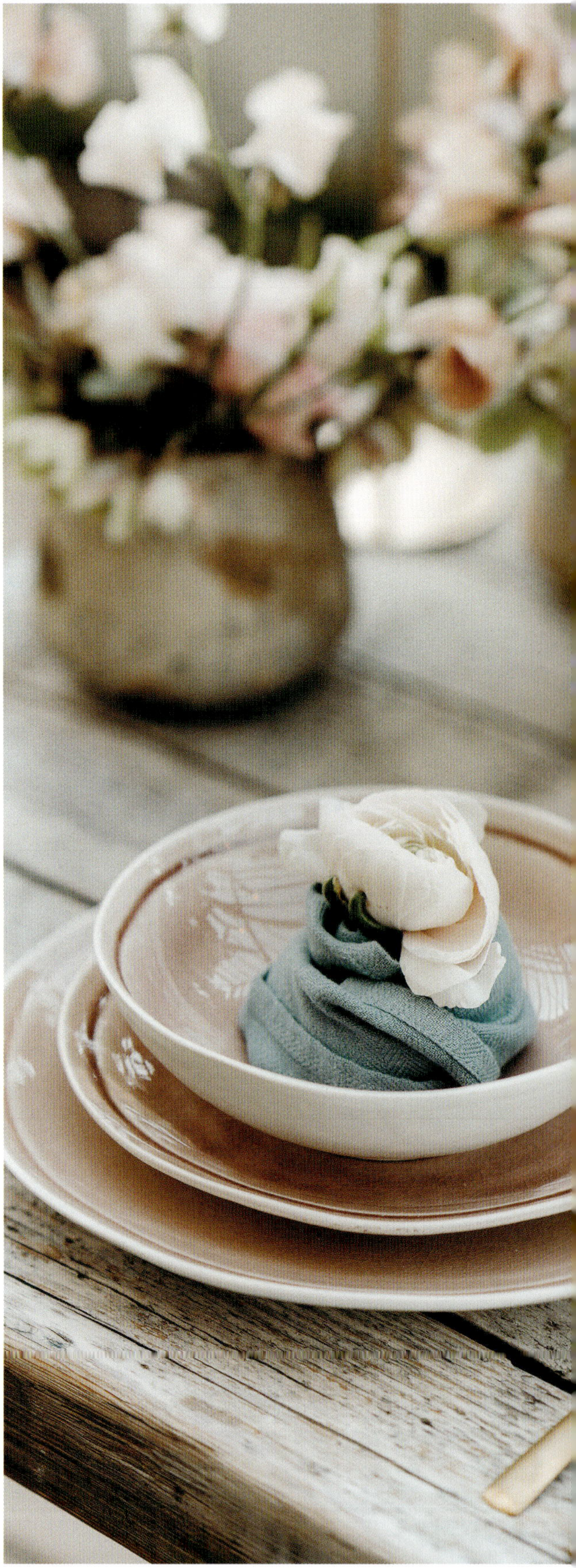

....

FLOWER POWER

> Frische Blumen

> Blumen-Haarschmuck

> Torte mit echten essbaren Blüten

> opulenter Strauß

> Individuelle Farben

> Flexibel einsetzbar

MINIMAL

> Weniger ist mehr

> Naked Cake

> Eukalyptus

> Glasvasen

> Dezente Blumendeko

> Reduziertes Farbspektrum

> Schlichte Formen

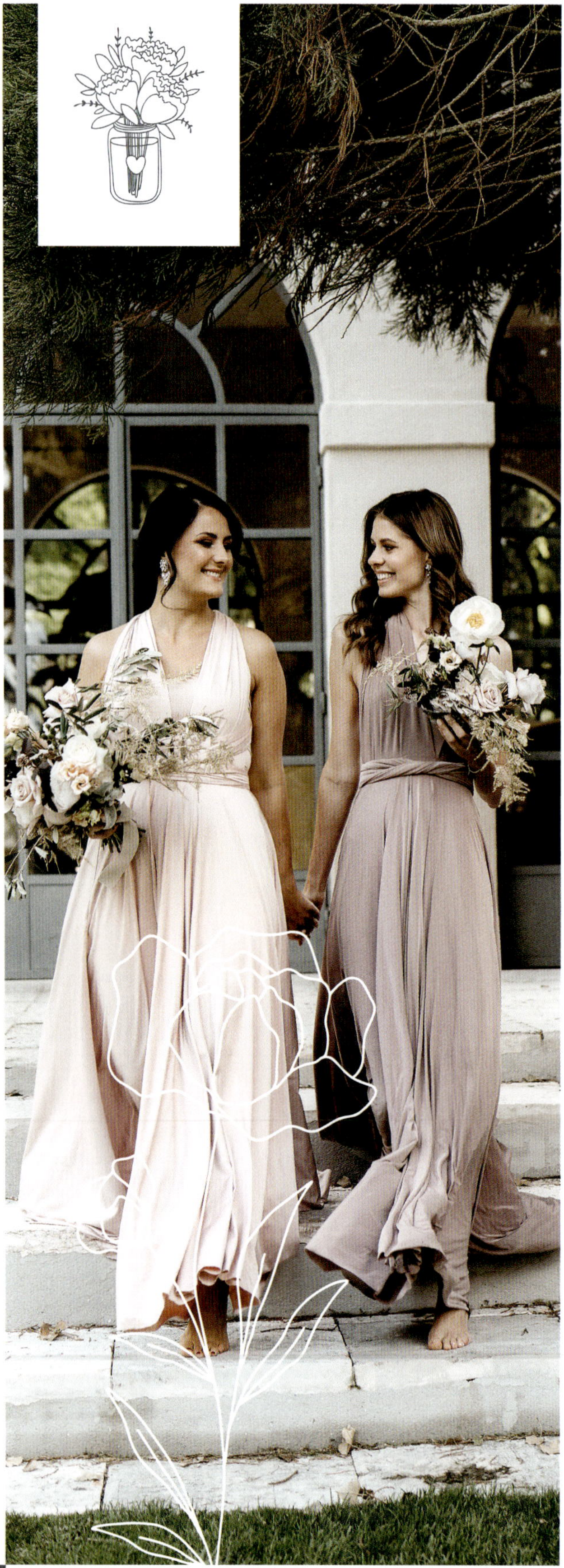

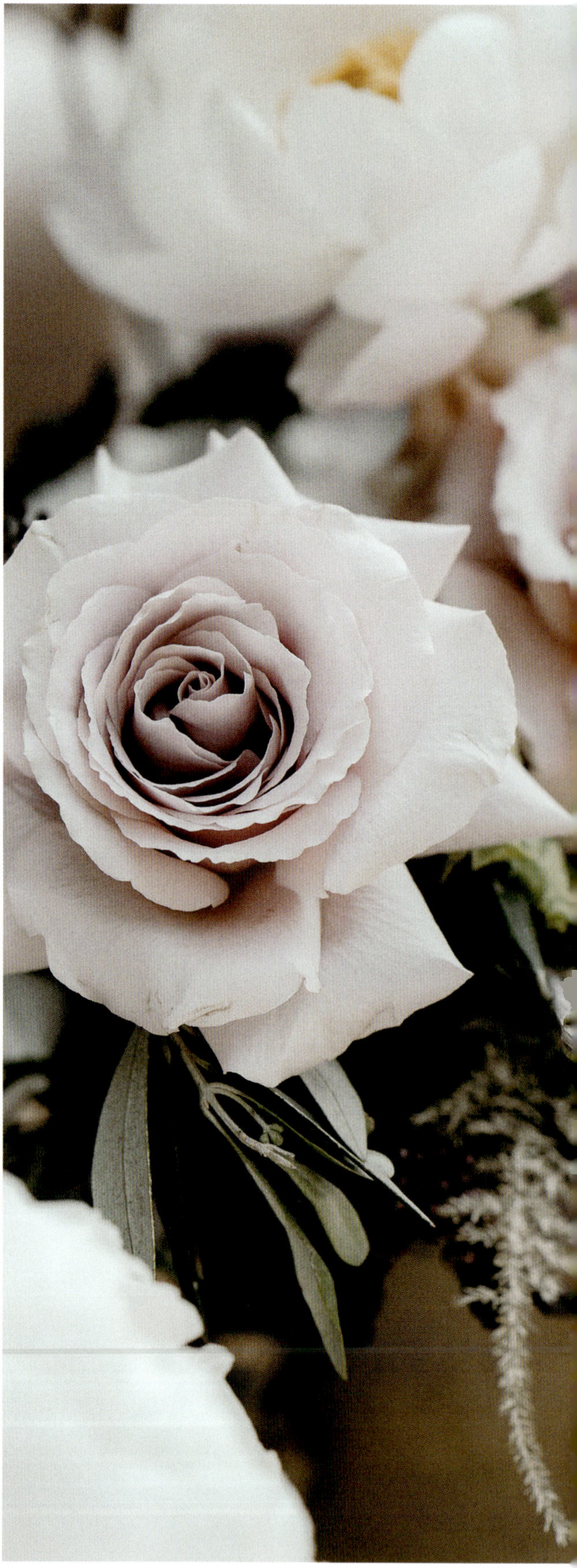

GLAM

> Glitzer

> Kerzen

> Metallic-Akzente

> Farbakzente

> Luftballons

> Lichterketten

> Leuchtbuchstaben

BLUMEN

Blumen zaubern auf einer Hochzeit, wie bei vielen anderen Feiern auch, eine festliche Atmosphäre und sind gleichzeitig eine wundervolle Dekoration. Mit ihnen könnt ihr euer Hochzeitsthema perfekt untermalen.

Ich persönlich bin bei Hochzeiten ein großer Fan von Blushtönen. Allerdings finde ich auch Farbthemen wie Gelb, Weiß oder Eukalyptusgrün sehr schön. Wir haben uns für das Thema Boho-Chic bei unserer Sommerhochzeit entschieden. Für Dennis und mich war deshalb sofort klar, dass wir auf jeden Fall Pampasgras, Eukalyptus, Königsprotea und Rosen in unsere Hochzeitsdekoration integrieren wollen. Außerdem durfte Dennis Lieblingsblume, die Orchidee, nicht fehlen. Somit war das Farbkonzept relativ schnell entschieden. Ich habe uns ein Moodboard mit Bildern von unserer Location erstellt und zu jedem Ort dazugeschrieben, was wir gerne wo hätten und benötigen. Über unserem Hochzeitspaartisch haben wir ein großes Blumengesteck aus Pampasgras und Blumen platziert. Die Tische waren mit Kerzen und Eukalyptusläufern dekoriert. Der Traubogen für unsere freie Trauung war mit denselben Blumen dekoriert, die auch in meinem Blumenstrauß und in Dennis Anstecknadel zu finden waren.

Ihr seht, es gibt viele verschiedene Möglichkeiten, Blumen auf eurer Hochzeit einzusetzen. Lasst euch bei Pinterest und Instagram inspirieren und wählt eure Favoriten. Bei der Tischdeko könnt ihr statt Blumenläufern auch Gruppen aus mehreren kleinen Vasen zusammenstellen oder ihr lasst euch kleine Sträuße binden, die auf den Tischen verteilt werden. Lange schmale Kerzenständer wirken sehr edel und modern, während Teelichter in flachen Gefäßen ein sehr gemütliches Licht erzeugen. In einer Kirche kann man die Bänke mit Mini-Sträußen schmücken oder auf dem Boden ein paar Vasen und Kerzen aufstellen, das erzeugt sofort eine romantische Stimmung. Ihr solltet allerdings vorher abklären, was erlaubt ist.

WORAUF SOLLTEN WIR SONST NOCH ACHTEN?

Leider haben wir den Fehler gemacht, dass wir uns von unserer Floristin und Dekorateurin keinen Probetisch haben zeigen lassen. Bei uns war es trotz ausführlichem Moodboard leider nicht so, wie wir es uns vorgestellt hatten. Die Floristin konnte die Location nicht richtig einschätzen, da sie selbst noch nie zuvor vor Ort gewesen war. Sie hatte viel zu wenig Blumen und Eukalyptus dabei. Aus diesem Grund würde ich euch empfehlen, einen Dienstleister zu wählen, der schon zuvor die Location dekoriert hat oder aus der Nähe kommt. Wenn ihr eure Hochzeitslocation selbst dekorieren wollt, dann würde ich auf jeden Fall ganz viele Kerzen empfehlen sowie einzelne Vasen mit Blumen. Das hatten wir auf unserer standesamtlichen Hochzeit.

gut und wissen, wie viel nötig ist und was Sinn macht. Fragt in der Location auch nach Fotos von anderen Hochzeiten. So bekommt ihr einen guten Einblick, wie ein nackter Raum später dekoriert aussehen kann, und werdet inspiriert für eure eigene Deko.

DEKORATION UMFUNKTIONIEREN

Ihr könnt die Deko auch mehrfach und unterschiedlich einsetzen. Wir haben bei unserer Hochzeit zum Beispiel den Traubogen später als Fotohintergrund genutzt.
Die Blumendeko vom Ort der Trauung kann nach der Zeremonie in der Location oder auf dem Kuchentisch platziert werden. Das können beispielsweise eure Trauzeug*innen für euch übernehmen.

DIE WAHL DER FARBEN

Überlegt euch, welche Blumen zu euch passen, was ihr gerne mögt, und denkt auch daran, dass Blumen genauso wie Obst und Gemüse Saison haben. Wollt ihr also Sonnenblumen im tiefsten Winter, müssen diese importiert werden und sind dementsprechend teurer. Wir hatten uns damals von dem Farbkonzept auch an unserer Save the Date Karte orientiert, um einen roten Faden beizubehalten.

DER ODER DIE PASSENDE FLORIST*IN

Hier gilt wieder der Tipp, einfach auf der Instagram-Seite der gebuchten Hochzeitslocation zu stöbern. Hier wurden sicherlich schon die ein oder anderen Dekorationen von vorherigen Hochzeiten gepostet und Florist*innen sowie Dekorateur*innen verlinkt. Viele Locations kooperieren auch mit Florist*innen. Diese kennen die Räumlichkeiten

– BUDGETLISTE –

Dekoration & Floristik gesamt:
800 bis 3000 €
Blumenstrauß: 50 bis 150 €
Wurfstrauß: 10 bis 30 €
Ansteckblume: 10 bis 20 €
Flowercrowns: 20 bis 50 €
Kleine Blumendeko fürs Haar:
10 bis 20 €
Tischdeko: 30 bis 120 € pro Tisch
Altar-Gesteck: 30 bis 150 €
Traubögen: 200 € bis 1500 €

INTERVIEW MIT BLUME EXCLUSIV

Patricia von Blume Exclusiv betreibt zwei Geschäfte in der Nähe von Heidelberg. Sie begleitet jedes Jahr Paare auf ihrem Weg zur Traumhochzeit und weiß immer, was angesagt ist.

Was ist der Trend im Jahr 2021?

PATRICIA Trockenblumen und Nudetöne, also dezente Farben, sind sehr gefragt. Alles ist ganz natürlich und locker gearbeitet und in unterschiedlichen Höhen gebunden – jede Blume soll einzeln wirken. Das geht also in die Richtung Boho, aber eher Modern Boho, weniger rustikal.

Woher nimmst du deine Inspiration?

PATRICIA Die kommt meistens ganz von alleine. Aber natürlich ist auch der Großmarkt mit den vielen verschiedenen Blumensorten eine riesige Inspirationsquelle. Ein klein wenig lasse ich mich von Bildern auf Pinterest oder Instagram inspirieren. Ich lege aber viel Wert darauf, dass meine Gestecke meine eigene Handschrift tragen und nichts nachgemacht ist.

Wie läuft die Beratung ab?

PATRICIA Im Idealfall vereinbart das Paar einen Kennenlerntermin und bringt dazu die Save-the-Date-Karte oder auch Fotos der Hochzeitsoutfits mit. Sehr hilfreich ist auch ein Moodboard. So kann ich schnell die Stilrichtung erkennen. Wichtig ist auch, dass man im Vorhinein überlegt, in welcher Preisrange man sich bewegen möchte. Das ist entscheidend für die Auswahl der Blumen und Gestecke und somit für das spätere Angebot.

Was sollte man für die Blumendeko einkalkulieren?

PATRICIA Das werde ich oft gefragt, und die Spanne ist groß. Aber ich nenne mal ein paar grobe Zahlen für eine durchschnittliche Hochzeit mit einer freien Trauung mit 100 Gästen. Für den Blumenstrauß fallen 100 bis 150 € an. Ein Wurfstrauß kostet 30 €. Für Anstecker für den Bräutigam und die Groomsmen sowie für die Brautjungfern-Blumen sollte man mit 150 bis 200 € rechnen. Für die Deko am Trauort, zum Beispiel Sträuße an den Bänken und zehn hohe Blumenvasen, fallen pro Stück 20 € an. Als Deko für den Sektempfang mit Stehtischen oder Loungemöbeln eignen sich kleine Gestecke für 15 bis 20 € pro Stück. Im Raum der Feier rechne ich für zehn runde Tische à zehn Personen mit 70 bis 90 € pro Tisch, inklusive Kerzen sowie Leihvasen und -kerzenständern. Blumenkugeln und Deckendekorationen liegen deutlich drüber. Für Anlieferung und Aufbau berechne ich etwa 400 bis 500 €. Insgesamt kommt man damit auf ungefähr 2000 € für das komplette Paket. Das ist ein gängiger Preis für eine tolle Dekoration.

Wie kann ich mich für einen Stil entscheiden?

PATRICIA Wir sind natürlich alle absolut überflutet von den Ideen auf Instagram und Pinterest. Am besten, ihr erstellt ein Moodboard und lasst euch persönlich beraten.

MODERN BOHO TABLE

Beim Thema Boho-Hochzeit haben
wir uns für helle Töne entschieden.
Die Vasen sind passend zum Thema
Boho mit Makramees besetzt. Trockenblumen, lange Pfauenfedern,
Baumwolle sowie Pampasgras sind
die Highlights des Boho-Gestecks.
Die wundervollen Rosen vollenden
den Look perfekt. Sobald es etwas
dunkler wird, zaubern die Kerzen
eine wundervolle Atmosphäre.

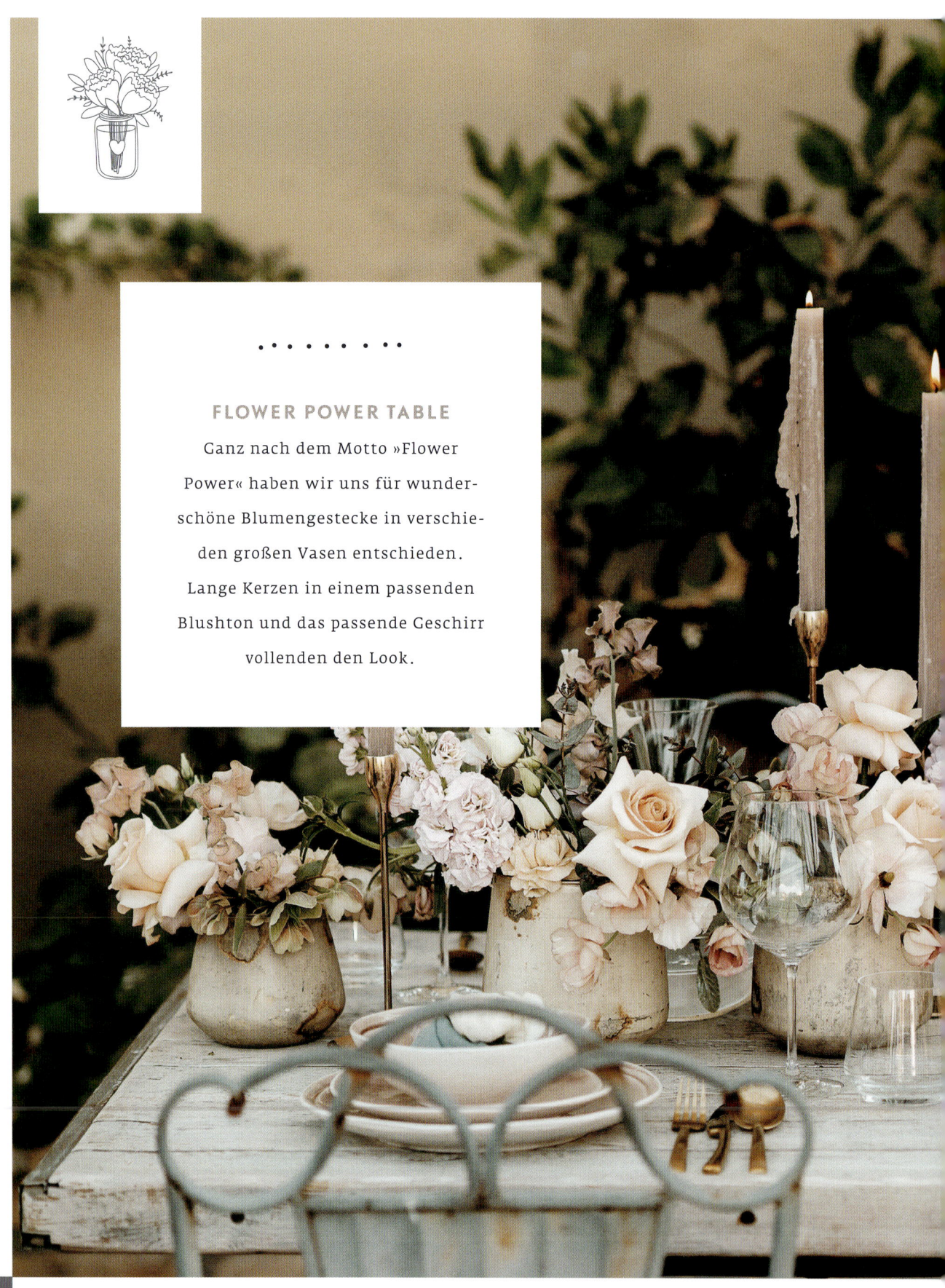

FLOWER POWER TABLE

Ganz nach dem Motto »Flower
Power« haben wir uns für wunderschöne Blumengestecke in verschieden großen Vasen entschieden.
Lange Kerzen in einem passenden
Blushton und das passende Geschirr
vollenden den Look.

Hier haben wir uns für verschiedene Glasgefäße mit
Trockenblumen und Pampasgras
entschieden. Dieser Tisch ist
je nach Blumenauswahl sehr
preisgünstig, und Vasen könnt
ihr euch für den Tag eurer
Hochzeit auch ausleihen.

GLAM TABLE

Mehr ist mehr! Beim Thema Glam-
Hochzeit dürfen pompöse Vasen,
reichlich Blumen, Glitzer sowie Gold-
akzente nicht fehlen. Auch in unseren
Glam-Blumengestecken finden sich
Goldelemente wieder. Wir haben uns
zudem für Stoffservietten, Geschirr mit
Goldrand sowie Kerzen passend zu den
Blumen entschieden.

DIY MINIMAL TABLE

Ich habe für alle, die gerne selbst dekorieren möchten, eine richtig tolle Dekorationsidee im Minimal-Stil.

Diese Tischdekoration ist vor allem bei langen Tafeln ein totaler Hingucker. So richtig romantisch wird es dann, wenn die Dämmerung anbricht und die Kerzen angezündet werden.

FÜR 5 VASEN:

> 5 alte Wein-, Sekt- oder Ginflaschen
> 5 Eukalyptuszweige
> 5 weiße Stabkerzen

SO GEHT'S:

1 Entfernt die Aufkleber von den Flaschen, indem ihr sie in warmes Spülwasser legt und ein paar Stunden einweichen lasst. Normalerweise lassen sich die Etiketten dann gut ablösen. Falls nicht, versucht, die Kleberreste mit Öl zu entfernen. Wascht die Flaschen gut aus und lasst sie trocknen.

2 Schneidet den Eukalyptus auf die gewünschte Größe und steckt ihn kopfüber in die Flasche. Dann füllt ihr die Flasche mit Wasser auf.

3 Im letzten Schritt steckt ihr die Stabkerzen auf die Flaschenöffnungen. Eventuell müsst ihr sie unten ein wenig schmaler schneiden, damit sie einen guten Halt bekommen.

Und schon ist eure simple, aber wunderschöne Tischdeko fertig.

DER BLUMENSTRAUSS

Mit der Auswahl der Blumen könnt ihr einen richtig schönen Akzent setzen.
Nicht nur der Strauß ist ein Hingucker, sondern auch eine dazu passende
Ansteckblume im Anzug oder Blumenschmuck im Haar runden das Bild ab.

Es gibt viele verschiedene Arten von Blumensträußen. Der Biedermeierstrauß ist zum Beispiel wie eine Kugel aufgebaut, während beim Wasserfallstrauß die Blumen nach vorne hin tropfenförmig herunterhängen. Es gibt auch Blumensträuße, bei denen die Stängel sehr lang gelassen werden. Noch wichtiger als die Art des Straußes ist aber die Blumenauswahl. Ich habe euch hier ein paar Inspirationen zusammengestellt.

MODERN-BOHO-STRAUSS (MOHOSTRAUSS)

Er besteht vor allem aus Trockenblumen, aber auch ein paar frische sind eingearbeitet. Ganz im lockeren Stil und absolut undone (siehe unten).

FLOWER-POWER-STRAUSS

Beim Binden dieses Straußes verwendet man offene Blüten und eine Vielzahl von unterschiedlichen Blütenformen. Die Blumen dieses Straußes werden sehr in die Tiefe und Höhe gearbeitet (siehe oben).

GLAM-STRAUSS

Er besteht aus Pfingstrosen, Eustoma, Levkojen, Blutbuche sowie Anemonen und wirkt durch diese sehr besonderen Blumenarten glamourös (siehe links).

TROCKENBLUMENSTRAUSS (MINIMALISTISCH)

Einfach und reduziert, sowohl in Bezug auf die Farben als auch den Aufbau, aber trotzdem ist der Strauß durch die Pfauenfedern besonders (siehe rechts).

Die Location

Der Weg zur Traumlocation

WANN BEGINNT DIE SUCHE?

Habt ihr euch bereits für eure Stilrichtung entschieden, dann könnt ihr mit der Locationsuche beginnen. Am besten ist es, ihr startet so früh wie möglich. Spätestens jedoch 10 bis 12 Monate vor eurem gewünschten Hochzeitstermin. Seid ihr mit eurem Termin noch flexibel? Umso besser! Viele Locations sind schon weit im Voraus ausgebucht oder haben oftmals nur noch einzelne Termine frei. Somit könnt ihr euch nach den freien Terminen eurer Traumlocation richten.

ETWAS SPÄT DRAN?

Wenn ihr etwas später dran seid und erst 4 bis 5 Monate vor eurem Wunschdatum mit der Suche beginnt, macht euch keine Sorgen, sondern seid einfach ein wenig flexibel in Bezug auf die Jahreszeit und den Wochentag. Manchmal sind zum Beispiel noch Freitagstermine frei. Fragt also am besten gezielt nach den freien Terminen eurer Wunschlocation.

WIE SUCHEN WIR AM BESTEN?

Ich empfehle euch mehrere Locations anzuschauen. Macht am besten Besichtigungstermine aus, dann sprecht ihr auch direkt mit den richtigen Ansprechpartnern. Ganz wichtig: Hört dabei auf euer Bauchgefühl und wenn euch eine Location schon von Anfang an nicht ganz zusagt, dann empfehle ich euch, weiterzusuchen. Uns war es damals sehr wichtig, dass wir das einzige Paar sind, dass an diesem Tag in der Location feiert. Außerdem wollten wir eine freie Trauung mit einer wasserfesten Alternative. Meiner Meinung nach solltet ihr bei einer freien Trauung immer einen Plan B haben. Somit könnt ihr euch, auch wenn der Wetterbericht nicht so prickelnd aussieht, zurücklehnen und entspannen. Wenn ihr eine Besichtigung habt, macht unbedingt ganz viele Bilder und Videos, damit ihr euch die Location nochmal in Ruhe zu Hause anschauen könnt. Schaut euch auch die Toiletten an und lasst euch Stühle, Tische und Kerzenleuchter sowie Stuhlhussen zeigen – und wenn es nur auf Fotos ist. Stellt so viele Fragen wie möglich! Neben den freien Terminen ist es beispielsweise wichtig zu erfahren, wie viele Gäste in der Location mitfeiern können, bis wann gefeiert werden darf, ob es einen Shuttleservice und Übernachtungsmöglichkeiten in der Nähe gibt und natürlich ganz wichtig: was die Feier in dieser Location kostet. Hierbei kann euch auch mein Planer begleiten. Ihr findet dort auf den Seiten 26–27 eine Checkliste, die euch bei der Besichtigung eurer Location hilft, die wichtigsten Punkte nicht zu vergessen.

VON SCHEUNE BIS SCHLOSS

Es gibt so viele verschiedene Möglichkeiten, eure Hochzeit zu feiern: ob in einer Scheune mit einer Lounge aus Strohballen und ganz vielen Lichterketten oder ganz schick in einem Schloss oder auf einer Burg. Es gibt auch die Möglichkeit, sich einen Pavillon zu mieten, ihn in einer geeigneten Location aufbauen zu lassen und dann quasi unter freiem Himmel zu feiern. Ich persönlich finde auch ein Gewächshaus superromantisch, allerdings würde ich nicht im Sommer diese Art von Location wählen. In Deutschland gibt es übrigens tolle Locations mit einem Pool, somit ist es auch hier möglich, mit einem südländischen Touch zu heiraten. Die Möglichkeiten sind fast endlos, und es gibt für jedes Hochzeitspaar die passende Location.

– TIPP –

Die Suche nach einer geeigneten Location fiel mir besonders leicht. Ich habe mich natürlich zuerst auf Google informiert und mir anschließend auch die Instagram-Seiten der Locations angeschaut. Von dort aus habe ich auch auf die Verlinkungen von Fotograf*innen, die bereits in der Location geshootet haben, geklickt. Meistens sind diese Fotograf*innen nämlich aus der Nähe und auf ihren Instagram-Seiten könnt ihr noch weitere Locations in der Region entdecken. Dasselbe Spiel könnt ihr auch bei Visagist*innen, Konditor*innen oder Cateringteams machen. Auf diese Weise findet ihr viele Dienstleister und Locations.

KOSTEN UND PAUSCHALEN

Je nach Location gibt es unterschiedliche Kostenstrukturen. Manche Locations bieten ein Rundum-sorglos-Paket an, bei dem Getränke, Essen und Deko bereits integriert sind. Bei anderen Locations zahlt man eine Raummiete und eine Reinigungspauschale und muss sich selbst um alles weitere wie Blumen und Catering kümmern. Häufig gibt es dann Kooperationen mit Dienstleistern, die die Location bereits kennen und wissen, worauf es ankommt. Ihr solltet daher genau abwägen, was euch an eurem Hochzeitstag wichtig ist und wie viel ihr selbst planen möchtet.

GIBT ES VERSTECKTE KOSTEN?

Ja, die gibt es auf jeden Fall. Für uns war damals das Budget der Location gerade so in Ordnung. Allerdings wussten wir nicht, dass es in der Location keine Küche gibt. Aus diesem Grund wurde unser Catering sehr teuer, da sie selbst eine mobile Küche vor Ort aufbauen mussten. Mir war auch nicht bewusst, dass es keinerlei Equipment für den DJ und kein Klavier für unsere Sängerin gab. Dies mussten wir also alles ausleihen und in die Location bringen lassen. Deshalb wurde unsere Hochzeit im Endeffekt viel teurer, als eigentlich geplant. Ihr solltet auch genau abwägen, ob ihr eher eine günstige Location wählt, bei der ihr aber eventuell viel in die Deko investieren müsst, oder ob ihr euch lieber für ein Rundum-sorglos-Paket entscheidet. Klärt deshalb diese Punkte schon im Voraus ab. Im Planer findet ihr auf den Seiten 26–27 eine Liste mit den wichtigsten Fragen.

– BUDGETLISTE –

Miete: 200 bis 1000 €
Reinigung: ca. 200 €
Shuttleservice: 40 bis 60 €
(pro Stunde und Fahrzeug)

Essen und Getränke

Vom Sekt bis zur Torte

DAS ESSEN

Gutes Essen auf einer Hochzeit ist ein wichtiger Bestandteil für die Stimmung der Gäste. Nicht umsonst heißt es: »Liebe geht durch den Magen«. Wenn die Gäste gut gesättigt sind und das Essen geschmeckt hat, dann ist eine fröhliche Atmosphäre für die Feier gesichert. Aus diesem Grund empfehle ich euch, die Google-Bewertungen der verschiedenen Caterer genau durchzulesen oder euch im Freundeskreis umzuhören. Ratsam ist es natürlich auch, ein Probeessen zu vereinbaren, bevor man das Team final bucht. Der Preis des Hochzeitsessens richtet sich nach der Speisenauswahl und der Art, wie das Essen serviert wird, liegt aber häufig zwischen 25 und 40 € pro Person.

MENÜ ODER BÜFETT?

Es gibt verschiedene Möglichkeiten, das Essen auf einer Hochzeit zu servieren. Als Menü, bei dem jeder Gast seinen Teller wie im Restaurant serviert bekommt. Oder als Büfett, bei dem sich die Gäste bedienen können. Eine weitere Alternative ist eine Live-Cooking-Station, wie zum Beispiel ein Live-BBQ. Ich zeige euch hier die verschiedenen Möglichkeiten und ihre Vor- und Nachteile.

DAS HOCHZEITSMENÜ

– VORTEILE –

+ Das Essen wird den Gästen am Tisch serviert, dadurch wirkt die Feier sehr edel.

+ Es entstehen keine Wartezeiten.

+ Die Gäste beginnen gleichzeitig zu essen.

– NACHTEILE –

- Da der Personalaufwand höher ist, ist diese Variante oftmals teuer.

- Eure Gäste haben weniger Auswahlmöglichkeiten als bei einem Büfett.

- Für Vegetarier*innen, Veganer*innen oder Menschen mit Unverträglichkeiten müssen separate Gerichte bestellt und koordiniert werden.

- VORTEILE -

+ Eine große Auswahl und für jeden Geschmack ist etwas dabei.

+ Alle werden satt, weil sich eure Gäste mehrmals bedienen können.

+ Der Personalaufwand ist geringer als bei einem Menü, deshalb ist es oftmals günstiger.

- NACHTEILE -

- Es könnte ein Stau beim Büfett und dadurch lange Wartezeiten entstehen.

- Die Optik ist nach dem Bedienen der ersten Gäste nicht mehr ganz so schön.

- Eine genaue Planung ist schwieriger. Oftmals landet daher im Nachhinein viel im Müll.

LIVE COOKING

- VORTEILE -

+ Es wird frisch zubereitet.

+ Es macht eine tolle Stimmung und Atmosphäre, denn es wirkt schön locker.

+ Es ist etwas Besonderes und wird bei euren Gästen in Erinnerung bleiben.

- NACHTEILE -

- Durch das Personal vor Ort an den Stationen ist es oftmals teurer als ein normales Büfett.

- Die Gegebenheiten vor Ort müssen entsprechend sein und das Wetter muss stimmen, falls draußen gekocht wird.

- Auch hier ist eine genaue Planung schwierig und es können lange Wartezeiten entstehen.

DESSERT

Man kann das Dessert durch das Catering servieren lassen. Jedoch sitzen die Gäste nach der Hauptspeise meistens nicht mehr an ihren Plätzen. Aus diesem Grund bietet sich eine Nachtischplatte auf den Tischen, ein kleines Büfett, ein Flying Dessert oder die Hochzeitstorte an. Auch eine Candy Bar, an der sich alle bedienen können, ist eine Möglichkeit. Jedoch müssen die Optionen auch in das einkalkulierte Budget passen.

MITTERNACHTSSNACK

Ein Mitternachtssnack ist kein Muss. Doch oftmals bekommen viele Gäste noch zu später Stunde Hunger oder Gelüste. Aus diesem Grund macht der Mitternachtssnack nur in Büfettform Sinn. So kann sich jeder Gast individuell bedienen. Wählt hier am besten etwas Deftiges und tobt euch aus: Von Mini-Burgern oder Quiches über Currywurst mit Brötchen bis hin zu Nachos mit Dips oder einer klassischen Käseplatte ist alles möglich.

EINE KOMBI AUS ALLEM

Wenn ihr euch nicht entscheiden könnt oder das Budget es nicht zulässt, könnt ihr auch eine Kombination aus den verschiedenen Möglichkeiten wählen. Wir hatten zum Beispiel verschiedene Vorspeisenplatten mit Antipasti und Salaten auf den Tischen platzieren lassen. Nach der Vorspeise haben wir unser Live-BBQ-Büfett eröffnet. Der Nachtisch wurde als Flying Dessert serviert, genauso wie der Mitternachtssnack. Alles, was später vom Nachtisch und von den Mitternachtssnacks übrig blieb, wurde auf einem Tisch als Fingerfood angerichtet.

FLEISCH, FISCH ODER VEGETARISCH?

Achtet bei der Auswahl der Speisen darauf, dass für alle etwas dabei ist. Bei einem Büfett ist das einfacher als bei einem Menü, da ihr hier häufig Beilagen wie Gemüse, Reis, Nudeln oder Kartoffeln flexibel zu Fisch oder Fleisch kombinieren könnt. Hier ist meistens für jeden Geschmack etwas dabei und auch Kinder und Vegetarier*innen werden fündig. Bei einem Menü bittet ihr eure Gäste am besten, schon mit der Antwort auf eure Einladung ihren Essenswunsch mitzuteilen. Wählt aber in beiden Fällen Gerichte, die jeder gerne isst und die nicht zu ausgefallen sind.

– TIPP –

Je nachdem wann eure Hochzeit beginnt, empfehle ich euch, noch kleine Snacks anzubieten. Wir hatten zum Beispiel vor unserer Trauung Brezeln mit verschiedenen Dips bereitgestellt sowie Getränkespender mit zwei verschiedenen Limonaden und Wasser. Damit könnt ihr vermeiden, dass Gäste, die vielleicht eine lange Anreise haben, während der Trauung Hunger bekommen. Ihr könnt auch zum anschließenden Sektempfang eine Kleinigkeit anbieten.

DIE GETRÄNKE

Oftmals erschrecken viele Hochzeitspaare bei dem Preis der Getränkerechnung nach ihrer Feier. Aus diesem Grund solltet ihr auch hier eine bestimmte Summe pro Gast in euer Hochzeitsbudget einkalkulieren. Meist handelt es sich um einen Betrag von 10 bis 30 €. Es gibt verschiedene Möglichkeiten der Abrechnung. Dies kommt ganz auf die Hochzeitslocation an. Feiert ihr im Restaurant? Dann kann die Getränkerechnung doch teurer werden als erwartet. Einen großen Faktor bei den Getränkekosten bestimmen natürlich auch das Wetter sowie die Dauer der Hochzeit und die Art der Gesellschaft. Bei der Getränkepauschale zahlt ihr einen festen Betrag pro Gast. Meistens bezieht sich diese Pauschale auf eine bestimmte Getränkeauswahl. Alles, was darüber hinausgeht muss extra gezahlt werden.

Eine Pauschale bietet sich an, wenn ihr im Hochsommer heiratet und daher mit einem hohen Getränkeverbrauch rechnet oder eine trinkfeste Hochzeitsgesellschaft habt. Ihr könnt auch nach Verbrauch abrechnen lassen. Dann wird jedes Getränk einzeln abgerechnet. Rechnet das am besten einmal durch. Bei manchen Locations kann man auch bestimmte Spirituosen oder den Lieblingswein mitbringen. Häufig verlangt der Caterer dann aber ein Korkgeld, wodurch es wieder teurer wird.

– SPARTIPP –

Es müssen oftmals keine aufwendigen Cocktails sein. Frisch aufgeschnittenes Obst lässt einfache Getränke gleich besonders aussehen. Legt am besten auch eine genaue Auswahl an Getränken fest und notiert diese auf einer Getränkekarte. Dann wissen die Gäste, was sie bestellen können, und ihr könnt den Kostenrahmen etwas genauer abstecken.

REZEPT FÜR FLAMINGO GIN TONIC

FÜR CA. 50 PORTIONEN SIRUP:

Rosmarinsirup

> 1 Zitrone
> 300 g Rohrzucker
> 500 ml Leitungswasser
> 2 Bund Rosmarin (ca. 60 g)

SO GEHT'S:

Die Zitrone ausdrücken und den Saft mit Zucker und Wasser im Topf zum Kochen bringen. Den Topf vom Herd nehmen und den Rosmarin im Wasser ziehen lassen. Dann die Flüssigkeit absieben.

Pro Glas zum Servieren

> 3 cl Gin
> 2 Eiswürfel
> 1 cl Rosmarinsirup
> 200 ml Tonic Water
> 1 Schuss Grapefruitsaft
> 1 frischer Rosmarinzweig
> 1 Scheibe Grapefruit

SO GEHT'S:

Den Gin in das Glas geben, Eiswürfel hinzufügen, mit Rosmarinsirup, Tonic Water und Grapefruitsaft auffüllen. Anschließend mit dem Rosmarinzweig und der Grapefruitscheibe verzieren.

- BUDGETLISTE -

Essen: 25 bis 60 € p. P.
Getränke: 10 bis 30 € p. P.
Torte: 150 bis 350 €
Weiteres Gebäck: 150 bis 500 €
Candy Bar: ca. 100 €

DIE HOCHZEITSTORTE

Eine Hochzeitstorte ist ein schöner und sehr leckerer Brauch, und das Tolle daran ist, dass sich jede Torte ganz individuell an den Stil der Hochzeit anpassen lässt. Von Motivtorten über Naked Cakes bis hin zu einem zwanglosen Candy oder Sweet Table ist für jedes Paar etwas dabei.

WANN SOLL ES DIE TORTE GEBEN?

Auch beim Servieren der Hochzeitstorte gibt verschiedene Möglichkeiten. Oftmals ist die Zeitspanne von der Trauung bis zum Abendessen zu lang, und die Gäste bekommen Hunger. Man kann die Torte zum Beispiel am Nachmittag zum Kaffee oder zum Sektempfang servieren. Mit dieser Variante sind eure Gäste bis zum Abendessen gesättigt und bei guter Laune.

Die zweite Variante ist, die Torte nach dem Abendessen zu servieren. Hierbei spart ihr euch das Dessert, und eure Gäste können im Anschluss in Ruhe tanzen. Ihr könnt die Torte auch mit einem Flying Dessert kombinieren, dann muss sie auch nicht so groß sein. Beim Flying Dessert servieren die Kellner*innen den Nachtisch und die Torte in kleinen Portionen. Jeder kann hier nach Lust und Laune zugreifen, und man muss nicht am Büfett anstehen.

Die dritte Variante ist die klassische Variante um Mitternacht. Die Torte wird beispielsweise mit Musik und einem kleinen Feuerwerk zelebriert und von euch angeschnitten.

Ich zeige euch hier noch mal die verschiedenen Möglichkeiten und ihre Vor- und Nachteile.

NACH DER TRAUUNG ZUM KAFFEE

- VORTEILE -

+ Der Tortenanschnitt wird von allen Gästen richtig wahrgenommen und zelebriert.

+ Es wird kaum etwas übrig bleiben, da eure Gäste nach der Trauung Hunger haben werden.

- NACHTEILE -

- Es ist durch den Kaffee und Sektempfang etwas kostenintensiver.

- Es hängt vom Zeitplan ab, ob diese Variante möglich ist. Findet die Trauung erst gegen 15.30 Uhr statt, wird es mit der Torte eventuell knapp.

- VORTEILE -

+ Ihr spart euch das Dessert.

+ Die Aufmerksamkeit der Gäste richtet sich noch einmal auf euch.

- NACHTEILE -

- Einige Gäste vertreten sich nach dem Abendessen gerne die Beine und bekommen den Tortenanschnitt eventuell nicht richtig mit.

UM MITTERNACHT

- VORTEILE -

+ Die Gäste sind in Feierlaune und der Anschnitt der Torte wird richtig zelebriert.

+ Werden zur Torte noch Kaffee oder Espresso serviert, bleiben eure Gäste noch ein bisschen länger munter.

- NACHTEILE -

- Es unterbricht die Partystimmung und viele der Gäste empfinden es als eine Art Endsignal der Feier.

- Es bleibt oftmals viel übrig, da man gesättigt ist und eher etwas Deftiges essen würde.

CANDY TABLE

Nicht nur eine pompöse Hochzeitstorte, sondern auch ein Candy Table ist ein mega Hingucker. Ein Candy Table ist ein kleines Süßigkeiten-Büfett und perfekt geeignet für den kleinen Hunger zwischendurch. Es ist eine hervorragende Alternative oder Ergänzung zu dem Dessert und der Torte. Am besten arbeitet ihr hierbei mit unterschiedlichen Gefäßen. Dies verschafft selbst dem kleinsten Table einen Wow-Effekt. In die Behältnisse füllt ihr dann verschiedene Sorten von Süßigkeiten – aber seid vorsichtig mit Schokolade im Sommer, das geht gerne mal schief. Dazu noch eine kleine Greifzange und ein paar Schälchen, damit eure Gäste sich ihren eigenen Naschteller zusammenstellen können.

INTERVIEW MIT DER TORTENSCHNEIDEREI

Die Tortenschneiderei ist in der Nähe von Pforzheim und hat sich auf individuelle Torten für Events wie Geburtstage oder Hochzeiten spezialisiert. Dadurch weiß die Leiterin Schokofeh ganz genau, worauf es bei einer Hochzeitstorte ankommt.

Wann sollten wir die Hochzeitstorte in Auftrag geben?

SCHOKOFEH Eine Hochzeitstorte ist ein logistisches Meisterwerk und erfordert dementsprechend Zeit. Zwischen 6 und 9 Monate im Voraus ist die Regel, so sichert man sich die Torte bei seinem oder seiner Lieblingszuckerbäcker*in. Zu früh sollte die Torte auch nicht angefragt werden, da dann oft Details, wie die optischen Wünsche oder die Anzahl der Gäste, noch nicht ganz klar sind.

Was kostet eine Hochzeitstorte?

SCHOKOFEH Hier gibt es große Unterschiede. Bestellt man seine Hochzeitstorte bei der Konditorei um die Ecke, so findet man hier oft die günstigeren Varianten. Jedoch kann dort meist nicht auf jeden Kundenwunsch eingegangen werden. Preislich liegt man dort bei ungefähr 3,00 € pro Person.
Bei Anbietern, die auf Hochzeiten spezialisiert sind, sind die Preise oft höher, dafür kann auf individuelle Wünsche besser eingegangen werden. Auch bei der Art der Torte variieren die Preise, da der Arbeitsaufwand natürlich unterschiedlich ist. Man kann grob sagen, dass man zwischen 4,50 € bis 7,50 € pro Person plus Lieferkosten einkalkulieren sollte.

Wie soll unsere Hochzeitstorte schmecken?

SCHOKOFEH Die Torte sollte dem Hochzeitspaar schmecken und erst dann sollte man überlegen, welcher Geschmack auch den anderen Gästen gefällt. Im Sommer wird oft nach fruchtigen und leichten Varianten gefragt oder nach einer Kombination aus Beeren und Schokolade, während bei einer Winterhochzeit auch mal Apfel, Zimt und Marzipan dabei sein dürfen. Da eine Hochzeitstorte oft mehrstöckig ist, kann man auch mehrere Varianten wählen.

Wann ist der beste Zeitpunkt für die Tortenpräsentation?

SCHOKOFEH Die meisten Paare entscheiden sich dazu, die Torte abends, parallel zum Dessert oder sogar erst danach, zu servieren. Hier benötigt man deutlich weniger Torte, da die meisten Gäste schon satt sind. Eine weitere Variante ist es, die Torte nach der Trauung zu servieren. Hier sind die Gäste oft hungrig, denn an diesem Tag bleibt das Mittagessen oft auf der Strecke und nach der Zeremonie setzt der Hunger ein. Da bietet es sich an, die Torte zum Kaffee oder Sektempfang zu präsentieren.

Wie präsentieren wir die Torte?

SCHOKOFEH Man sollte sich überlegen, ob die Torte in die Feierlocation hineingefahren werden

soll, denn hierzu benötigt man einen passenden Wagen. Möchte man außerdem noch ein Tischfeuerwerk dabeihaben? Dieses sollte dann nicht zu früh angezündet werden, sonst ist es schon erloschen, bevor man am Ziel ankommt. Die Torte kann auch auf dem Büfetttisch präsentiert werden. Wichtig wäre auch im Voraus abzuklären, ob Tortenmesser im Haus sind. Ich habe erlebt, dass beim Präsentieren einer Hochzeitstorte alle um die Torte herumstanden, aber weit und breit kein Messer aufzufinden war.

Die ersten Stücke werden vom Hochzeitspaar angeschnitten, in der Regel schneidet man oben an; der Rest wird dann vom Personal übernommen und verteilt. Aber auch hier sollte vorher eine Absprache mit der Veranstaltungsleitung gehalten werden, damit die Arbeits-
anweisungen
klar geregelt
sind.

Fotos und Videos

Die perfekte Erinnerung

ERINNERUNGEN FÜR DIE EWIGKEIT

Die Bilder und das Hochzeitsvideo waren für uns mit einer der wichtigsten Punkte auf unserer Liste. Warum? Weil man die Bilder und das Video für immer als Erinnerung an den wohl schönsten Tag in seinem Leben hat. Schaut euch daher die Arbeit der Fotograf*innen und Videograf*innen genau an und wählt die Bildsprache passend zu eurem Hochzeitsstil.

Lasst euch die diversen Paketpreise zukommen und vereinbart einen Termin – persönlich oder per Skype, Facetime oder Telefon. Die Fotografin oder der Fotograf verbringt mit euch einen sehr besonderen Tag, da sollte die Chemie stimmen. Wir haben damals schnell gemerkt, wer zu uns passt und wer nicht. Meistens bucht man die Fotograf*innen für eine bestimmte Stundenzahl. Hier solltet ihr euch also genau überlegen, ob ihr eine Hochzeitsreportage vom Getting Ready bis zur Party haben möchtet oder ob euch eine Begleitung bei der Trauung und beim Sektempfang ausreicht.

Nicht ganz unwichtig dabei ist der Vertrag der jeweiligen Fotograf*innen. Lest ihn genau durch und lasst, wenn möglich, die Punkte streichen, welche euch nicht zusagen. Wenn ihr beispielsweise nicht möchtet, dass eure Fotos auf der Website und den Social-Media-Kanälen der Fotografin oder des Fotografen gezeigt werden, könnt ihr dem meistens problemlos widersprechen. Es ist eure Hochzeit und ihr müsst euch dabei wohlfühlen. Ihr solltet außerdem abklären, ob Fahrtkosten oder Übernachtungskosten anfallen, wie viele Bilder im Preis inbegriffen sind und wie ihr diese erhaltet, zum Beispiel per Online-Galerie, USB-Stick oder digitalem Download.

LASST EUCH INSPIRIEREN

Erstellt euch ein Moodboard mit Bildern von Instagram oder Pinterest, die ihr toll findet und die ihr eventuell nachstellen wollt. Von nachgestellten Fotos bin ich zwar kein großer Fan, aber gerade bei den Bildern mit Trauzeug*innen oder Bridesmaids und Groomsmen sind Bildideen sehr hilfreich.

Damit auch wirklich alle auf Fotos festgehalten werden, die euch wichtig sind, könnt ihr eine Liste erstellen mit den verschiedenen Konstellationen für Gruppenfotos. Im Planer ist auf den Seiten 34–35 Platz dafür. Gebt diese zum Beispiel euren Trauzeug*innen. Sie können die Leute dann zusammensuchen.

– TIPP –

Wenn ihr nur Fotos möchtet, sind zwei Personen super, denn sie können mehr Momente aus verschiedenen Perspektiven einfangen. Wenn ihr euch auch für ein Hochzeitsvideo entscheidet, kann eine Person die Fotos übernehmen und die andere euren besonderen Tag filmen. Wir haben uns damals für ein Pärchen entschieden. Sie haben super zusammen harmoniert und man hat sie kaum bemerkt.

DAS PAARSHOOTING

Das Paarshooting dauert je nach Wunsch zwischen ½ und 1 Stunde. Aber wann sollte es eigentlich stattfinden? Man möchte die Gäste ja nicht zu lange warten lassen. Ihr könnt das Shooting vor der Trauung, also zusammen mit dem First Look machen. Das Styling sitzt dann noch perfekt, es liefen auch noch nicht so viele Tränen, und die Gäste bekommen davon gar nichts mit. Aber auch während des Sektempfangs oder des Abendessens kann man das Paarshooting machen. So bemerken eure Gäste gar nicht, dass ihr ½ Stunde oder 1 Stunde fehlt, und ihr habt während der Feier noch einmal einen Moment für euch. Wollt ihr das schöne Abendlicht nutzen, aber nicht zu lange bei eurer Feier fehlen, könnt ihr euch mit dem oder der Fotograf*in auch einfach für 10 Minuten rausschleichen und ein paar schöne Bilder schießen.

EINEN ABLAUFPLAN ERSTELLEN

Es ist superwichtig, dass eure Fotograf*innen wissen, wann welcher Moment kommt. Aus diesem Grund finde ich einen Ablaufplan für das Fototeam super. Möchtet ihr einen First Look vor der Trauung oder doch den klassischen Einzug? Beides hat seine Vor- und Nachteile. Wir hatten uns damals für den First Look entschieden, da es uns wichtig war, diesen Moment ganz intim und alleine erleben und genießen zu können. Allerdings finde ich einen klassischen Einzug auch sehr schön, dann habt ihr den Wow-Effekt bei eurem Einzug. Auch die geplanten Überraschungen eurer Familien, Trauzeug*innen und Freunde sollten eure Fotograf*innen vorab kennen. Gebt den Kontakt also an eure Trauzeug*innen weiter. So werden keine besonderen Momente verpasst.

INTERVIEW MIT TWO NAKED SOULS

Pierre und Janet reisen mit den Paaren, die sie als Hochzeitsfotografen begleiten, auch gerne durch die ganze Welt und halten unbeschreibliche Momente fest. Sie haben auch die Fotos für dieses Buch gemacht.

Lohnt es sich, professionelle Fotograf*innen zu engagieren? Oder reicht nicht auch die Hobbykamera eines Bekannten?

TWO NAKED SOULS Generell sind wir davon überzeugt, dass ein*e professionelle*r Fotograf*in immer die bessere Wahl ist. Auf den ersten Blick mag die Gage einiger Foto- und Videograf*innen für Laien vielleicht hoch wirken. Berücksichtigt man jedoch die Begleitung am Hochzeitstag, den Kontakt im Vorfeld und natürlich die Nachbearbeitung der Fotos, ändert sich der Blickwinkel auf die Kalkulation schnell.

Für welchen Zeitraum sollten wir unser Team buchen?

TWO NAKED SOULS Wir lieben es, Hochzeiten in ihrer Gänze festzuhalten, und empfehlen daher Ganztagesreportagen. Schließlich beginnt der Hochzeitstag schon beim Getting Ready. Und da sich das Hochzeitspaar am Hochzeitsmorgen in der Regel gar nicht sieht, haben so beide im Anschluss die Möglichkeit, den Morgen des jeweils anderen anhand der Fotos nachträglich noch einmal mitzuerleben. Wir schließen unsere Ganztagesreportage mit dem magischen Moment des Eröffnungstanzes und dem anschließenden Beginn der Party ab. So habt ihr all die wichtigen Momente eures Hochzeitstages von morgens bis abends für die Ewigkeit konserviert.

Wir hätten gerne ein paar obligatorische Gruppenbilder mit unseren Liebsten, möchten hierfür aber nicht allzu viel Zeit einplanen. Wie können wir sie am besten organisieren?

TWO NAKED SOULS Da Gruppenbilder tatsächlich meist mehr Zeit in Anspruch nehmen, als man zunächst vermutet, empfehlen wir, schon im Vorfeld eine gut durchdachte Liste mit den Wunschgruppen zu erstellen und diese den Trauzeug*innen auszuhändigen, damit sie die Gruppen am Hochzeitstag zügig zusammentrommeln. Wir finden, dass der optimale Moment für Gruppenbilder zu einem späten Zeitpunkt im Laufe des Empfangs ist.

Wir sind eigentlich total kamerascheu. Habt ihr Tipps, wie wir unsere Unsicherheit vor der Kamera ablegen und uns wohlfühlen?

TWO NAKED SOULS Das Wichtigste ist, dass die Chemie zwischen dem Hochzeitspaar und dem Fototeam stimmt. So fühlt man sich ganz automatisch wohler vor der Kamera. Bei einem kleinen Engagement-Shooting kann man schon ein bisschen üben, und es entstehen gleichzeitig tolle Fotos für die Einladungen. Wir spielen beim Paarshooting außerdem auf Wunsch gerne die Lieblingsmusik, damit sich das Paar besonders wohlfühlt.

Kleidung und Styling

Das perfekte Hochzeitsoutfit

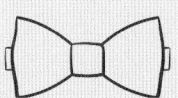

AUF DER SUCHE NACH DEN PERFEKTEN HOCHZEITSOUTFITS

Nun kommen wir zu einem meiner Lieblingsthemen in der Vorbereitungszeit: die Anproben für die Hochzeitsoutfits! Doch bevor der Termin zur ersten Anprobe steht, solltet ihr wissen, dass die Lieferzeit für bestimmte Designer 7–8 Monate beträgt. Aus diesem Grund empfehle ich euch spätestens 7 Monate vor eurer Trauung mit der Suche nach dem perfekten Kleid und dem perfekten Anzug zu beginnen. Sobald ihr einen Termin vereinbart habt, solltet ihr euch Gedanken machen, wen ihr gerne zur Anprobe mitnehmen möchtet. Ich empfehle euch aus eigener Erfahrung nicht zu viele Personen mitzunehmen. Denn je mehr Begleitpersonen ihr bei eurer Anprobe dabeihabt, desto unterschiedlicher sind die Meinungen. Ich persönlich würde euch empfehlen es bei zwei bis drei Begleitpersonen zu belassen. Fühlt euch nicht gezwungen, bestimmte Personen zur Anprobe einzuladen, sondern entscheidet euch für die Personen, die immer ehrlich zu euch sind und euch am nächsten stehen.

Ruft einfach mal bei einem Geschäft an und fragt nach, ob sie etwas in eurem gewünschten Stil und eurem Budget haben. So könnt ihr ein paar Geschäfte schon zu Beginn aussortieren beziehungsweise in die engere Wahl nehmen. Eine Anprobe kann bei einem Kleid gerne mal ½ bis 3 Stunden dauern. Bei einem Anzug solltet ihr mit 1 bis 2 Stunden rechnen.

Ich kann euch sagen, dass die erste Anprobe wirklich sehr besonders und emotional ist. Doch seid nicht enttäuscht, wenn nicht gleich das richtige Kleid oder der richtige Anzug dabei ist. Ich selbst hatte sage und schreibe vier Termine in unterschiedlichen Boutiquen. Letztendlich habe ich mein Traumkleid, einen Zweiteiler, in dem Geschäft gefunden, in dem ich meine erste Anprobe hatte.
Scheut euch also nicht, alles in Ruhe zu überdenken.

DAS PERFEKTE BRAUTOUTFIT FINDEN

Ich hatte leider nicht nur tolle Erfahrungen bei meinen Brautkleidanproben, sondern auch richtige Fails. Als ich nach dem zweiten Hochzeitsmodengeschäft immer noch nicht das passende Kleid für mich gefunden hatte, kam meine Mama auf die Idee, in dem Geschäft einen Termin für mich auszumachen, in dem sie ihr damaliges Brautkleid gefunden hatte. Ich wusste schon gleich, dass das nichts werden kann. Ihr zuliebe habe ich den Termin mit ihr, meiner Schwiegermutter und Katrin wahrgenommen. Ich kann euch sagen, es war die reinste Katastrophe. Der Brautladen hatte nur eine kleine Nische, um sich umzuziehen, und ich musste immer, nur im Slip bekleidet, einen Schritt rauskommen, damit mir die Verkäuferin beim Anziehen helfen konnte. Somit konnten alle dabei zusehen, wie ich halb nackt in jedes der Kleider schlüpfte. Nach dem zweiten habe ich die komplette Anprobe abgebrochen. Zum Glück war mein erster Termin in der Bridal Boutique unglaublich schön gewesen, und daher wusste ich, wie eine perfekte Anprobe ablaufen kann.

Was ich bei der Bridal Boutique unglaublich toll finde, ist, dass es in der Umkleide keinen Spiegel gibt und man sich somit beim Umziehen nicht sieht. Man kann das Kleid zuerst fühlen. Wie sitzt es? Fühlt es sich gut an? Sobald man das Kleid und die Schuhe anhat, läuft man wie eine Prinzessin aus der Umkleidekabine raus. Zuerst sieht man nur die Blicke der Begleitpersonen und erst ganz zum Schluss sieht man sich selbst im Spiegel. Für mich war das wirklich ein unbeschreibliches Gefühl und ich wünsche jeder einzelnen Braut so ein tolles Erlebnis. Tatsächlich habe ich bei meiner zweiten Anprobe in der Bridal Boutique mein Kleid gefunden. Es ist ein Zweiteiler geworden, womit ich niemals gerechnet hätte.

WAS IST BEI DER SUCHE WICHTIG?

Sucht euch gerne vorab schon Inspirationen raus. Ich kann euch aber aus Erfahrung sagen, dass die Models, die die Kleider im Internet oder in Zeitschriften präsentieren, oftmals supergroß und sehr schlank sind. Auch die Schnitte der Kleider sind perfekt auf die Figuren der Models angepasst. Bei der Anprobe ist es oftmals so, dass die Kleider nicht zu 100 % passen und man sie abstecken muss. Daher empfehle ich euch, für verschiedene Schnitte, Muster oder auch Zweiteiler offen zu sein. Wenn ihr zwei Bräute seid, ist es außerdem sinnvoll, dass ihr eure Hochzeitsoutfits bis zu einem gewissen Grad aufeinander abstimmt, damit ihr beispielsweise nicht in unterschiedlichen Weißtönen auftretet.

Frühere Generationen hatten nicht annähernd solch eine Auswahl, wie wir mit dem Internet heutzutage. Das ist ein Fluch und ein Segen zugleich. Man sieht immer noch schönere und noch tollere Kleider. Aus diesem Grund solltest du, sobald du dein Brautkleid gefunden hast, nicht mehr weiter auf diversen Webseiten nach Kleidern Ausschau halten.

– TIPP –

Die Beraterin wird euch bei der Anprobe in der Umkleide behilflich sein. Damit man sich dabei auch wohlfühlt, empfehle ich, die Finger- und Fußnägel davor zu pflegen. Auch das Rasieren der Beine und Achseln ist eine gute Idee, wenn man sich damit besser fühlt. Damit nichts stört und durchblitzt, ist enganliegende Unterwäsche im Farbton der Hautfarbe sehr hilfreich. Wem es unangenehm ist, ohne BH in das Kleid zu steigen, dem empfehle ich einen trägerlosen BH.

BRAUTOUTFITS FÜR
JEDEN GESCHMACK

Es gibt so viele verschiedene Kleider und Anzüge, dass die Wahl schwerfallen kann. Lasst euch von den Bildern in diesem Buch inspirieren und recherchiert auf Pinterest und im Internet, dann werdet ihr sicher fündig!

Farbe: Ivory/Blush | Stil: A-Linie/Prinzessin

Farbe: Ivory/Mocha | Stil: A-Linie

Ein wunderschönes Korsagenkleid mit angesagten Hanging Shoulders. Die Blütenspitze zieht sich über die Corsage in den zweifarbigen Tüllrock und verläuft dort. Die Transparenz in der Corsage sorgt für Leichtigkeit.

Die 3D-Blütenspitze zieht sich wunderbar leicht über das gesamte Kleid. Die Corsage sorgt für Halt und zaubert ein wunderschönes Dekolleté. Die Hanging Shoulders sind abknöpfbar und fallen elegant am Oberarm entlang. Das Kleid hat eine kleine Schleppe.

Farbe: Ivory / Nude | Stil: A-Linie

Dieses Kleid ist über und über mit kleinen Blüten bestickt, die im Dekolleté einen V-Ausschnitt bilden. Im Rock sind die Blüten mit Glitzer unterlegt.

Farbe: Ivory / Blush | Stil: A-Linie

Ein reichlich mit Blüten besticktes Kleid mit tiefem V-Ausschnitt vorne und am Rücken sowie Cutouts an den Seiten. Die Spitze ist mit Pailletten bestickt und der filigrane dünne Träger besteht aus transparenten Perlen.

Farbe: Ivory | Stil: Hosenanzug

Ein moderner Hosenanzug, der aus einem Crop-Top und einer weiten Paper-Bag-Hose im High-Waist-Stil mit Gürtel besteht.

Farbe: Ivory/Nude | Stil: Fit and Flare

Eine wunderschöne Boho-Spitze, unterlegt mit einem nudefarbenen Meshfutter. Dieses zaubert eine schöne Figur. Der tiefe Rücken betont den Po und die Cutouts nach vorne die Taille. Die Trompetenärmel sorgen für den extra Boho Look.

Farbe: Ivory | Stil: Hosenanzug

Ein femininer Hosenanzug mit rückenfreiem Top, das mit Pailletten bestickt ist. Dazu das passende Jacket mit Schulterpolstern und eine eng geschnittene Hose.

Farbe: Ivory | Stil: A-Linie

Kleid mit langen Ärmeln, tiefem Ausschnitt vorne und am Rücken. Der leichte Rock ist eine schmale A-Linie mit seitlichen Schlitzen. Die Blumenspitze ist mit Pailletten und Perlen verziert.

INTERVIEW MIT DER BRIDAL BOUTIQUE

Constanze leitet die Bridal Boutique zusammen mit ihrer eigenen Trauzeugin und ihrem Ehemann. Ihr Ziel ist es, für jede Braut das perfekte Kleid zu finden. Sie hat uns erzählt, wie das geht.

Wie beginnt die Anprobe bei euch?

CONSTANZE Zuerst machen wir uns gerne ein Bild von dem geplanten großen Tag, dem Stil, dem Farbkonzept und der Location. Dann fragen wir die Braut: Was soll das Kleid können? Was darf es auf keinen Fall haben? Außerdem geben wir zu bedenken, dass die Outfits des Paars aufeinander abgestimmt sein sollten. Denn nur dann können traumhafte Erinnerungsfotos entstehen, auf denen alles zusammenpasst.

Wie findet man das passende Brautkleid?

CONSTANZE Natürlich hat jeder eine Vorstellung, wie das Traumkleid in etwa aussehen soll. Trotzdem sollte man sich nicht an seiner Vorstellung festklammern. Kleider, die man auf Fotos im Internet gesehen hat, sind oftmals doch sehr teuer, und man kann nicht einschätzen, wie sie einem selbst stehen. Daher ist es zwar gut, eine Vorstellung zu haben, aber man sollte auch etwas offen sein und sich etwas trauen! Oft wird man positiv überrascht.

Mit welchem Budget muss ich beim Brautkleid rechnen?

CONSTANZE Schöne und vor allem passende Brautkleider gibt es bei uns schon ab 1500 €. Es gilt jedoch, je mehr Bestickungen an dem Kleid angebracht wurden, desto hochpreisiger ist es, da hier sehr viel Handarbeit nötig ist. Auch bei den verschiedenen Spitzenarten kann der Unterschied mitunter sehr groß sein. Eine Budgetvorstellung erleichtert auch uns die Suche nach dem perfekten Kleid, und niemand ist später enttäuscht, wenn man das Wahnsinnskleid anprobiert hat, es aber viel zu teuer ist.

Wie viel Zeit muss ich für einen Anprobetermin einplanen?

CONSTANZE Man sollte definitiv genügend Zeit einplanen. Damit man den Tag entspannt genießen und sich ganz auf die Suche nach dem perfekten Kleid einlassen kann, sollte man für diesen Tag keine weiteren Termine machen. In der Regel benötigen wir für eine Anprobe 3 Stunden.

Wie kann ich mich auf den Anprobetermin vorbereiten?

CONSTANZE Man sollte sich vorab ein Bild von der Hochzeitsfrisur machen, denn diese trägt auch einen entscheidenden Teil zum Stil des Brautkleides bei. Will man beispielsweise ein Headpiece oder einen Schleier tragen, sollet man das schon mit dem Kleid zusammen anprobieren. Auch die Haarlänge kann für den Schnitt des Kleides relevant sein, zum Beispiel bei einem tiefen Rückenausschnitt.

DEN RICHTIGEN ANZUG FINDEN

STIL

Von elegant bis sportlich ist alles erlaubt. Der Stil des Anzugs sollte natürlich zum Thema der Hochzeit passen. Ist es eher eine lässige Sommerhochzeit oder aber eine schicke Schlosshochzeit?

Auf dieser Grundlage könnt ihr auch gut entscheiden, ob zum Beispiel Hosenträger eine schöne Ergänzung wären, es doch lieber ein klassischer Smoking sein sollte oder ein luftiger, heller Leinenanzug gut passt. Vor dem Kauf solltet ihr euch Gedanken machen, was ihr euch grob vorstellt, denn auch bei Anzügen ist die Auswahl groß! Macht euch also schon einmal Gedanken zu einer möglichen Farbe, ob ihr eine Weste möchtet und ob ihr lieber eine Krawatte oder eine Fliege tragen wollt.

Den Anzug könnt ihr in klassischen Hochzeitsmodengeschäften kaufen, die auch Anzüge führen. Aber natürlich findet ihr auch einen festlichen Anzug bei einem Herrenausstatter.

FARBEN

Auch bei den Farben ist die Auswahl groß. Dennis hat sich zum Beispiel für einen hellblauen Anzug mit Hosenträgern und Fliege entschieden. Er hat mich an seinem Termin angerufen und gefragt, welche Farbe mein Kleid hat. Danach hat er die Farbe seines Hemdes gerichtet. Ich habe mich übrigens mit seinem Anzug überraschen lassen und Dennis beim First Look das erste Mal in seinem Hochzeitsoutfit gesehen.

Besonders schön ist es natürlich, wenn ihr euch als Paar aufeinander abstimmt, sich also beispielsweise die Farbe des Brautkleids im Hemd des Bräutigams wiederfindet oder eure Anzugfarben aufeinander abgestimmt sind und somit gut harmonieren.

ACCESSOIRES

Als Accessoires bieten sich unterschiedliche Dinge an. Das kommt natürlich auch wieder auf die Art der Hochzeit an. Allerdings ist von einem Hut über eine ausgefallene Fliege bis hin zu bunten Socken oder Sneakers alles möglich. Traut euch also und seid kreativ. Bei uns gab es ganz klassisch für Dennis eine Anstecknadel mit Blumen passend zu meinem Blumenstrauß. Das macht das Bild noch ein bisschen harmonischer.

HAARE & STYLING

Möchtet ihr euch an eurem besonderen Tag gerne selbst stylen oder hättet ihr lieber professionelle Unterstützung? Ich würde euch empfehlen, eine*n Visagist*in zu buchen oder zum bzw. zur Friseur*in zu gehen, denn am Tag der Hochzeit ist man doch sehr nervös und kommt vielleicht unter Zeitdruck, vor allem wenn der erste Lidstrich misslingt. In beiden Fällen würde ich Termine zum Probeschminken und -frisieren vereinbaren. Am besten, ihr zeigt dem oder der Visagist*in euer Outfit, den Kopfschmuck und die Art, wie ihr euch normalerweise stylt und schminkt. Ihr könnt ihr oder ihm auch Inspiration in Form von Bildern von Frisuren und Make-up zeigen.

Es gibt so viele Möglichkeiten, die Haare für die Hochzeit zu stylen. Hier findet ihr ein paar Inspirationen.

PONYTAIL

Der Pferdeschwanz ist eigentlich eine recht klassische Frisur, aber schon mit kleinen Details wie Flechtelementen kann man ihn ganz einfach aufpimpen. Diese Frisur ist gerade ein Lieblingshairstyle vieler Bräute!

DER STRUKTURIERTE NACKENDUTT

Der Nackendutt ist ein absoluter Klassiker. Er ist angenehm zu tragen, gerade im Sommer, da man unter den Haaren nicht so schnell schwitzt. Außerdem hält er sehr lange. Den Nackendutt kann man individuell gestalten.

HALF UP HALF DOWN

Diese halb-offene Frisur wird supergerne bei standesamtlichen Trauungen von Bräuten getragen. Man kann auch hier die Frisur mit Flecht- oder Zwirbelelementen (wie auf dem Bild) individualisieren. Auch für die Bridesmaids ist dieser Stil perfekt!

DER LOCKERE NACKENDUTT

Auch hier haben wir wieder einen Nackendutt, aber dieses Mal eher locker und gezwirbelt. Diese Frisur passt perfekt zum romantischen Vintage-Stil.

OFFENE HAARE

Immer öfter geht der Trend zu komplett offenen Haaren. Manche Bräute stecken auch eine Seite zurück. Kronen und Diademe sind auch wieder sehr in. Mit offenen Haaren, Waves und einem Mittelscheitel wirken sie ganz besonders gut.

HOLLYWOOD WAVES

Die »Hollywood Waves« sind eine super Variante für Bräute, die es schick, aber trotzdem locker haben möchten.

STYLING FÜR MÄNNER

A uch Männer können sich vor der Hochzeit ein ausführliches Beauty-Programm gönnen, wenn sie möchten. Doch auch ohne Besuch bei dem oder der Stylist*in gibt es ein paar Dinge, auf die ihr als Bräutigam achten könnt.

HAARE UND BART

Männer lassen ihre Haare am besten mindestens 1 Woche vor dem Hochzeitstag schneiden. Auf diese Weise haben die Haare Zeit, sich wieder etwas in die natürliche Form zu legen, und sehen nicht zu perfekt aus. Bist du Bartträger, solltest du überlegen, dich am Abend vor der Hochzeit statt am Tag der Hochzeit zu rasieren oder zum Barbier zu gehen. So vermeidest du unnötige Hautreizungen, die dann den ganzen Tag über sichtbar wären. Also lieber am Abend vorher einmal gründlich rasieren und am Morgen der Hoch-

zeit auf die Rasur verzichten oder maximal die Konturen nacharbeiten.

HAUT UND MAKE-UP

Wer möchte, kann im Vorfeld der Hochzeit ein kleines Beauty-Programm absolvieren und beispielsweise etwas gegen fettige oder trockene Haut bei der Kosmetikerin machen. Viele Friseur*innen bieten auch das Zupfen von Augenbrauen an. Wer möchte, kann sich am Tag der Hochzeit von dem*der Stylist*in einmal mit einem mattierenden Puder abpudern oder Unreinheiten und Hautverfärbungen leicht abdecken lassen.

MANIKÜRE

Gerade weil am Hochzeitstag alle auch unbedingt die Ringe sehen möchten, bietet sich eine Maniküre im Vorfeld an. Gepflegte Hände und Nägel sehen nicht nur auf den Fotos schön aus!

INTERVIEW MIT JESSICA KASER

Als Diplom-Make-up-Artist begleitet Jessica Bräute am Tag Ihrer Hochzeit und sorgt für ein perfektes Styling. Durch ihre Arbeit in der Mode- und Filmindustrie weiß sie immer, was aktuell im Trend ist.

Was muss man beachten bei der richtigen Auswahl eines oder einer Stylist*in?

JESSICA In erster Linie sollte man eine*n Stylist*in suchen, der oder die einem vom Stil gefällt. Oft findet man online die aktuellen Arbeiten und kann sich einen ersten Eindruck verschaffen. Im nächsten Step sollte man telefonieren, denn bei einem ersten Telefonat lernt man sich immer etwas persönlicher kennen und kann abschätzen, ob das Zwischenmenschliche passt.

Wenn man sich für dich entschieden hat, wie geht es dann weiter?

JESSICA Sobald ich mit meiner Braut alles telefonisch besprochen habe, ist der Termin fix blockiert. Wir vereinbaren etwa 2–3 Monate vor dem Hochzeitstermin einen Probetermin, bei dem ich mir 2–3 Stunden Zeit für die Braut nehme. Wir werden gemeinsam das komplette Hairstyling und das Make-up zusammenstellen und die Braut stylen, bis sie zufrieden ist. Mein Ziel ist, dass sich die Braut rundum wohlfühlt.

Auf was legen die meisten Bräute wert?

JESSICA Vielen Bräuten sind Natürlichkeit und ein strahlendes, frisches Make-up wichtig. Außerdem sollte dieses lange halten und wasserfest sein. Bei den Haaren sind locker wirkende Frisuren, die trotzdem lange halten, sehr gefragt.

Was sind die aktuellen Trends?

JESSICA Derzeit werden die Frisuren sehr schlicht und minimalistisch gehalten. Dafür wird mehr Fokus auf Accessoires gelegt. Was das Make-up angeht steht gerade »GLOW« absolut im Fokus. Alles soll frisch und strahlend sein.

DIE EHERINGE

Auch bei der Ringsuche gibt es wieder einmal viele verschiedene Optionen. Ihr habt die Möglichkeit, die Ringe beim Goldschmied nach euren Wünschen und Vorstellungen anfertigen zu lassen. Es ist sogar möglich, eure Eheringe bei einem Workshop selbst zu schmieden. Oder aber ihr entscheidet euch für Ringe, die bereits hergestellt sind. Hier kommt es auch darauf an, wie viele Monate ihr im Voraus nach euren Ringen Ausschau haltet.

Für selbst designte Ringe würde ich euch empfehlen, 7 bis 9 Monate vor der Hochzeit auf die Suche zu gehen. Wir haben 3 Monate vor unserer Hochzeit mit der Ringsuche begonnen und uns aus diesem Grund für fertige Ringe entschieden.

Natürlich gibt es auch bei den Ringen preisliche Unterschiede. Seid euch jedoch bewusst, dass sie für immer ein Zeichen eurer Liebe sein werden. Wählt aus diesem Grund eure Ringe gewissenhaft aus. Bleibt vor allem eurem eigenen Stil treu, damit euch die Ringe auch für immer gefallen. Ich konnte mich nicht entscheiden und habe mich aus dem Grund für einen schlichten Ehering mit Aufsteckring entschieden. Der Aufsteckring hat elf Steinelemente, die für unsere elf Jahre Beziehung stehen.

DIE GRAVUR

Als ich mich mit unserer Gravur für die Ringe beschäftigt habe, fand ich es so toll, welche kreativen Möglichkeiten es hierfür gibt. Ihr könnt den Text selbst per Hand schreiben oder euch eine Schrift aus dem Internet raussuchen.

Hier ein paar Textbeispiele:

für immer ... & *Datum der Hochzeit*
Datum der Hochzeit
Datum des Kennenlernens
Koordinaten des Trauortes
gestern, heute, für immer
Ich liebe dich, dein/deine *Name*

MÜSSEN ES RINGE SEIN?

Ringe sind zwar die klassische Wahl, aber es gibt noch viele andere Möglichkeiten, wie ihr immer etwas von eurem Partner bei euch tragen könnt. Tragt ihr beispielsweise nicht gerne Ringe, könnt ihr auch eine Kette oder ein Armband wählen. Oder ihr entscheidet euch für eine Uhr und lasst die Rückseite gravieren. Manche Paare entscheiden sich sogar für Hochzeitstattoos.

– BUDGETLISTE –

Brautkleid: 700 bis 3000 €
Schmuck (jeweils): 50 bis 300 €
Anzug: 500 bis 1000 €
Schuhe (jeweils): 100 bis 350 €
Styling (jeweils): 50 bis 400 €
Ringe: 900 bis 2000 €

Musik und mehr

Alles für die gute Stimmung!

DIE AUSWAHL DER PERFEKTEN MUSIK

Die Stimmung auf eurer Hochzeit ist einer der wichtigsten Punkte an eurem großen Tag. Für uns war es damals wichtig, den kompletten Tag mit einer musikalischen Untermalung begleiten zu lassen. Aus diesem Grund haben wir uns für eine Sängerin mit Piano-Begleitung während der Trauung entschieden, für eine Band nach der Trauung und während des Abendessens und anschließend für einen DJ für die Tanzfläche. Das ist natürlich wiederum eine Frage des Budgets und wie wichtig euch dieser Punkt ist. Für uns war es einfach die perfekte Entscheidung, und wir würden diese Kombination immer wieder so wählen. Legt euch am besten vorab Wunschlisten für die jeweiligen Dienstleister an. Wählt hier eine passende Mischung für Alt und Jung.

Die Auswahl der Musik ist eine sehr persönliche Sache und muss zu euch passen. Es können Lieder sein, die ihr einfach gerne mögt oder die eine besondere Bedeutung für euch als Paar haben. Lest euch die Liedtexte einmal durch und schaut, ob ihr euch wiederfindet. Eine schöne Alternative für Lieder vom Band sind auch Coverversionen, die häufig sehr gefühlvoll sind.

Für die spätere Party könnt ihr dem DJ/der DJane oder der Band auch eine Liste mit Liedern geben, die ihr an dem Abend unbedingt hören möchtet, zum Beispiel weil sie eine besondere Rolle für eure Freunde oder Eltern spielen. Auf der Seite 46 im Planer könnt ihr eure Musikwünsche notieren. Besprecht außerdem, welche Stilrichtung es wann sein soll: gemütlicher Jazz während des Abendessens und 90er-Jahre-Musik, wenn die Party ihren Höhepunkt erreicht hat? Sagt den Dienstleistern auch, ob die Gäste sich Songs wünschen dürfen oder ob ihr lieber bei einem Programm bleiben möchtet, damit die Stimmung nicht unterbrochen wird.

WIE FINDEN WIR DIE RICHTIGEN MUSIKER?

Ich war damals kurz vor Weihnachten mit meiner Schwester in einem Kaufhaus, und dort hat zufällig an diesem Tag eine Band ein Konzert gegeben. Mir hat ihr Auftritt so gut gefallen, dass ich sie einfach in ihrer Pause angesprochen habe und mir eine Visitenkarte habe geben lassen. Ich empfehle euch, auf verschiedene Veranstaltungen zu gehen und die Ohren aufzuhalten. So werdet ihr auf jeden Fall fündig.

– TIPP –

Klärt vorab in eurer Location ab, was vorhanden ist. Ist ein Mischpult für DJ oder DJane oder ein Klavier für Sänger oder Sängerin vor Ort?

HOCHZEITSTANZ

Der Hochzeitstanz ist ein weiteres
Highlight am Tag der Hochzeit. Er ist
oftmals sehr emotional, kann aber
auch humorvoll gestaltet werden – je
nach Choreografie und Geschmack.
Mit dem Tanz wird die Tanzfläche
offiziell eröffnet, und man hat einen
klaren Übergang vom festlichen Teil
der Hochzeit zur Partystimmung. Im
amerikanischen Raum eröffnet oft
die Braut mit ihrem Vater die Tanzfläche. Anschließend wird die Braut

dem Bräutigam übergeben. Das ist natürlich sehr traditionell, und auch in diesem Fall heißt es wieder: Dies ist
euer Tag, und ihr müsst euch zu nichts gezwungen fühlen!
Wenn ihr euch jedoch für einen Hochzeitstanz entscheidet, empfiehlt es sich spätestens 3 Monate vor der Hochzeit ein paar Tanzstunden zu nehmen, damit die Choreografie am großen Tag auch wirklich sicher sitzt. Wir haben
die Tanzstunden vor der Hochzeit sehr genossen.

PROGRAMMPUNKTE FÜR DIE GÄSTE
AM TAG DER HOCHZEIT

L ange Pausen? Kein Problem!
Mit einer schönen Fotostation
und einem Gästebuch sowie ein paar
Kreativaufgaben ist Langeweile kein
Thema mehr. Ich habe ein paar Ideen
für euch gesammelt.

LUFTBALLONS

Auf unserer Hochzeit haben die Gäste
Luftballons steigen lassen, an die sie
zuvor eine Karte mit Glückwünschen
und unserer Adresse gehängt haben
mit der Bitte, dass der Finder sie an
uns schicken soll. Wir haben schon
einige Male ganz unerwartet Post
erhalten und uns sehr gefreut. Dieser
Programmpunkt macht nicht nur allen Gästen Spaß, sondern es entstehen auch wundervolle Fotos und tolle
Erinnerungen. Wenn ihr möchtet,
könnt ihr beim Kauf der Luftballons
auf umweltfreundliche Varianten aus
Naturkautschuk achten.

PHOTO BOOTH

Möchtet ihr gerne einen Fotoauto
maten oder eine Polaroid-Kamera
für eure Gäste bereitstellen? Für die
Polaroid-Kamera benötigt ihr die

passenden Filme sowie ein paar lustige Foto-
accessoires. Ein Fotoautomat muss von einem
Dienstleister gegen Gebühr geliehen werden,
es sei denn, ihr kennt jemanden in eurem Be-
kanntenkreis, der solch einen Automaten bereits besitzt oder seine Kamera bereitstellt. Es
gibt mittlerweile einige Programme, die man
sich für eine einfache selbst gebastelte Foto-
box herunterladen kann.

GÄSTEBUCH

Das Gästebuch sollte leere Seiten beinhalten,
sodass sich eure Gäste darin verewigen können.
Legt euren Gästen ein paar Sticker, Bastelzu-
behör, bunte Stifte, zum Beispiel in Gold und
Silber, für die Gestaltung des Buches bereit.
Statt eines klassischen Gästebuchs könnt ihr
auch kleine Fragebögen ausdrucken, die sie
ausfüllen können und die ihr später als Gästebuch zusammenstellen könnt. Der Kreativität
eurer Gäste sind keine Grenzen gesetzt, und
das Buch ist eine wunderschöne Erinnerung an
euren Hochzeitstag.

FOTOCHALLENGE

Zudem könnt ihr Einwegkameras mit lustigen
Fotochallenges auf den Tischen eurer Gäste
verteilen. Ein paar Beispiele für Fotoaufträge:
Fotografiere den ältesten Gast oder mache ein
Bild mit deinem Doppelgänger. Die Bilder werden einzigartig, fangen lustige Momente ein,
und die Gäste können sich beschäftigen und
lernen sich dabei besser kennen.

GÄSTELEINWAND

Als weitere Station eignet sich ein Gästebuch
in Form einer Leinwand. Auf der Leinwand
kann ein Gästebaum, die Namen oder ein Bild

des Hochzeitspaars oder auch ein anderes
Motiv abgebildet werden. Die Gäste verewigen
sich hier in Form eines farbigen Fingerab-
druckes und ihrer Namen.

DIY-WÜNSCHEBAUM

Eine weitere Möglichkeit ist ein Bäumchen
für das Hochzeitspaar mit selbst gebastelten
Schildern. Auf diese können die Gäste die
wichtigsten To-dos aufschreiben, die die beiden
während ihrer Ehe unbedingt erledigen müssen. Der Kreativität sind keine Grenzen gesetzt.
Es kann ein gemeinsamer Fallschirmsprung sein
oder auch ein leckeres Rezept, welches das Paar
gemeinsam nachkochen oder -backen muss.

HOCHZEITSSPIELE

Für viele Hochzeitspaare steht fest: Eine Hochzeit wäre keine Hochzeit ohne Hochzeitsspiele! Bei diesen werden natürlich die Gäste eingebunden, was alles in allem für eine lockere Stimmung sorgt. Das Gute an manchen Spielen ist auch, dass die Gäste sich gegenseitig besser kennenlernen können.

Das lustige Hochzeitsspiel »Reise nach Jerusalem« ist ein tolles Beispiel für ein simples Spiel, das die Stimmung anhebt. Bei der »Reise nach Jerusalem« als Hochzeitsspiel gibt es wie beim Original ebenfalls elf Stühle, welche in der Mitte des Raumes platziert werden, sowie zwölf Teilnehmer. Die Musik geht an und die Teilnehmer haben die Aufgabe, um die Stühle zu laufen. Sobald die Musik ausgeht, werden die Teilnehmer aufgefordert, verschieden Gegenstände aus dem Publikum zu besorgen, wie zum Beispiel einen Lippenstift oder einen BH, und sich dann auf einen Stuhl zu setzen. Wer keinen Gegenstand oder keinen Stuhl ergattert, verliert und hat dem Hochzeitspaar einen kleinen Gutschein zu überreichen, beispielsweise für

einmal Fensterputzen. Wenn ihr an eurer Hochzeit keine Spiele möchtet, dann sagt das euren Trauzeug*innen. An sie als Ansprechpartner könnt ihr auch eure Gäste verweisen. Außerdem könnt ihr einen kleinen netten Hinweis bei euren Einladungen aufnehmen, dass ihr euch zwar eine tolle Feier mit ausgelassener Stimmung wünscht, aber lieber auf Hochzeitsspiele verzichten möchtet.

Anbei habe ich euch hier ein paar weitere Möglichkeiten für Spiele beziehungsweise Programmpunkte aufgelistet:

> Selbsteinstudierte Tänze
> Diashow
> Der Ehetauglichkeitstest
> Luftballons steigen lassen
> Hochzeitsherz zum Ausschneiden mit
  zwei Scheren
> Hochzeitsbaumstamm sägen
> Tauben fliegen lassen
> Feuerwerk

HOCHZEITSREDE

Eine Hochzeitsrede darf an diesem besonderen Tag natürlich auch auf keinen Fall fehlen. Diese kann von den Trauzeug*innen oder einem der Elternteile gehalten werden – je nachdem wer sich traut und möchte.

– TIPP –

Um es den Redner*innen einfacher zu machen, kann im Hintergrund auch eine Diashow abgespielt werden mit alten Pärchenfotos oder Kinderbildern des Paares.

GESCHENKE

Sicherlich erwarten euch neben tollen Überraschungen auch viele wunderschöne Geschenke. Doch auch hier gibt es etwas Wichtiges zu beachten! Es sollte sich unbedingt jemand um die Geschenke kümmern und sie am besten gleich wegschließen. Wichtig ist auch ein abschließbarer Kasten für die Geldumschläge. Vielleicht habt ihr in eurer Location die Möglichkeit, einen Raum für eure Geschenke zu mieten und abzuschließen. Fragt am besten mal nach!

– TIPP –

Damit nicht nur für die Unterhaltung gesorgt ist, sondern auch für jeden kleinen Notfall, könnt ihr in den Waschräumen eine Notfallbox mit Deo, Slipeinlagen, Mückenschutz, Wasserblasenpflastern und anderen Kleinigkeiten aufstellen. Eure Gäste werden euch dankbar sein!

KLEINE EXTRAS FÜR DEN GROSSEN TAG

Sicher sorgen eure Gäste für die eine oder andere Überraschung am Tag eurer Hochzeit. Falls ihr selbst auch noch etwas einbringen möchtet, dann habe ich hier ein paar Ideen für euch:

> Konfettibomben nach der Trauung (Sollte vorab allerdings mit der Location oder Kirche abgeklärt werden.)
> Seifenblasen
> Blumenmädchen
> Spalier stehen mit Wedeln (Das DIY findet ihr auf der Seite 112.)

– BUDGETLISTE –

DJ/DJane: ab ca. 300 €
Band: ab ca. 1000 €
Einwegkameras:
4 bis 7 € pro Stück (plus Entwicklungskosten)
Gästebuch und Zubehör:
30 bis 50 €

DIY-WEDEL

FÜR 5 WEDEL:

> 10 Spitzenbänder
  à 40 cm lang
> Heißklebepistole
> 5 Holzstäbchen
  à 20–25 cm lang
> 5 kleine Glöckchen

UND SO GEHT'S:

1 Nehmt je zwei der Bänder, faltet
sie zur Hälfte und klebt sie mit
der Heißklebepistole an das Ende
eines Holzstäbchens.

2 Jetzt müsst ihr nur noch das Glöckchen an das Ende
des Wedels ankleben. Manche Glöckchen haben auch
kleine Aufhängungen, sodass ihr das Glöckchen mit den
Bändern verknoten könnt und gar nicht an den Stab kle-
ben müsst.

3 Fertig sind eure zauberhaften DIY-Wedel, mit denen
eure Gäste für euch Spalier stehen können!

Der Tag der Trauung

Endlich heißt es: »Ja, ich will!«

DIE WAHL DER TRAUZEUG*INNEN

Zwei der absolut wichtigsten Menschen an eurem besonderen Tag, aber auch schon lange davor, sind eure Trauzeug*innen. Sie sollen euch sowohl praktisch als auch emotional während der Vorbereitungszeit und an eurem Hochzeitstag unterstützen. In Deutschland ist es heutzutage nicht mehr zwingend notwendig, beim Standesamt Trauzeug*innen zu haben. Falls ihr niemanden enttäuschen wollt oder auch einfach keine Trauzeug*innen haben möchtet, könnt ihr euch also auch ohne Trauzeug*innen das Jawort geben. Bei einer kirchlichen Trauung sieht das anders aus, hier sind Trauzeug*innen meistens Pflicht.

Die Wahl der Trauzeug*innen kann schwerfallen. Diese Aussagen sollten zu euren Trauzeug*innen passen:

> Ich vertraue dieser Person zu 100 %.
> Er/sie kennt meinen Geschmack und weiß, was ich gerne mag.
> Er/sie hat Zeit und ist auch in der Lage, unseren jeweiligen JGA zu planen.
> Er/sie kann sich für mich freuen.
> Er/sie ist über 18 Jahre alt und im Besitz eines gültigen Personalausweises.

Ihr könnt euch für enge Freunde, Geschwister oder andere Verwandte entscheiden. Wir hatten uns damals zum einen für meine Schwester Katrin entschieden, da sie für mich nicht nur meine Schwester, sondern auch meine beste Freundin ist. Sie kennt einfach zu 100% meinen Geschmack und steht immer hinter mir. Dennis hat sich für seinen besten und ältesten Freund entschieden. Wir hatten also ein klassisches Paar aus Trauzeugin und Trauzeuge, aber selbstverständlich kann mal als Braut auch einen männlichen Trauzeugen wählen und als Bräutigam eine weibliche Trauzeugin. Ihr solltet euch zur Wahl eurer Trauzeug*innen nur genau Gedanken machen, denn diese Aufgabe wird euch für immer verbinden. Wenn ihr euch bei der Auswahl eurer Trauzeug*innen schwertut, dann bieten sich zusätzlich Brautjungfern beziehungsweise Bridesmaids

und Brautführer, auch bekannt als Groomsmen, natürlich super an. Damit könnt ihr mehrere enge Freundinnen und Freunde einbinden und niemand ist enttäuscht.

Wir würden uns immer wieder für unseren Trauzeugen, unsere Trauzeugin, die Brautjungfern und Brautführer entscheiden. Wir konnten uns mit ihnen vor unserer Hochzeit jederzeit austauschen und auch beschweren, wenn mal etwas nicht so gut geklappt hat. Schon vor unserer Hochzeit hatten wir auf unseren Junggesell*innenabschieden eine unvergessliche Zeit zusammen. Den Abend vor unserer Hochzeit habe ich mit meinen Mädels und meiner Trauzeugin verbracht und Dennis mit seinen Jungs und seinem Trauzeugen. Sie haben uns bei den letzten Vorbereitungen geholfen und uns auf jeden Fall von unserer Aufregung abgelenkt. Sie waren genau diejenigen, die mit uns bis zum Schluss auf der Tanzfläche standen und sich den ganzen Tag mit uns gefreut haben.

Tolle Tipps für eure Trauzeug*innen findet ihr auf Seite 149 und mehr Inspiration zum Thema Bridesmaids und Groomsmen gibt's ab Seite 150.

HIER SPRICHT DIE TRAUZEUGIN!

Die wichtigste Aufgabe einer Trauzeugin oder eines Trauzeugen ist es, dem Hochzeitspaar während der Vorbereitungszeit, am Tag der Hochzeit sowie auch darüber hinaus jederzeit mit Rat und Tat beiseitezustehen. Hier erzähle ich, Katrin, die Schwester und Trauzeugin von Patrizia, wie ich diese Aufgabe gemeistert habe, und gebe euch ein paar Tipps.

Aber lasst uns einmal von vorne anfangen. Da ich nicht nur Patrizias Schwester, sondern zugleich auch ihre beste Freundin bin, wusste ich direkt, dass sie mich sicher als ihre Trauzeugin wählen möchte. Umso schöner finde ich es im Nachhinein, dass die beiden mich noch einmal ganz offiziell mit Luftballons und einem kleinen Brief gefragt haben, ob ich ihre Trauzeugin sein will.

Daher kann ich euch nur ans Herz legen, euch ebenfalls etwas Schönes für eure Trauzeug*innen zu überlegen.

TIPPS FÜR DAS HOCHZEITSPAAR

So könnt ihr eure Lieben mit der Frage überraschen, ob sie eure Trauzeug*innen sein wollen:

> Beschrifte eine Postkarte mit der Frage, ob sie oder er dein*e Trauzeug*in sein möchte, und binde sie an einen Heliumluftballon, den du dann überreichst.

> Schenke ihr oder ihm eine Überraschungsbox, beispielsweise mit einem Trauzeug*innenplaner, einem persönlichen Brief, einem Erinnerungsstück wie einem Armband oder einem alten Foto von euch beiden.

> Erstelle ein Puzzle, das zusammengesetzt die Frage stellt, ob sie oder er dein*e Trauzeug*in sein will. Auch ein schöner Schriftzug wie »I can't say I DO without YOU« ist eine tolle Idee.

> Schenke ihr oder ihm eine Postkarte mit dem Schriftzug »Mach dich schick«, darunter setzt du beispielsweise eine edle Haarspange oder eine Fliege, gefolgt von den Worten »Sei mein*e Trauzeug*in!«.

> Lass ein Etikett für eine Flasche Wein, Sekt oder Bier bedrucken mit der Frage »Willst du mein*e Trauzeug*in sein?«.

Diese Ideen eignen sich übrigens auch gut für eure Bridesmaids und Groomsmen!

TIPPS EINER TRAUZEUGIN

Die Absprache mit dem Hochzeitspaar, oder in meinem Fall mit der Braut, ist während der Vorbereitungszeit das A und O. Ich habe meine Schwester zu all ihren Brautkleidanproben und Vorbereitungsterminen begleitet. Ich war für sie da, wenn etwas mal nicht geklappt hat, und habe versucht, ihr bei allen Entscheidungen ein gutes Gefühl zu geben. Nach Absprache mit Patrizia und Dennis habe ich die Kinderecke sowie auch das Programm für den Hochzeitstag übernommen.

Was genau die Trauzeug*innen übernehmen, bleibt natürlich dem Hochzeitspaar überlassen, aber ihr solltet alles ganz offen miteinander absprechen. Sprecht das Hochzeitspaar offen an und fragt regelmäßig, ob ihr etwas helfen könnt. Überraschungen wie der JGA bleiben natürlich strengstens geheim!

Leider muss man manchmal der Buhmann bzw. die Buhfrau sein und kann es nicht immer jedem recht machen. Doch ihr habt die Zügel in der Hand und organisiert alles im Sinne der Braut oder des Bräutigams. Nehmt es also nicht persönlich!

Kümmert euch frühzeitig um die Planung des JGA und größerer Programmpunkte, die längere Zeit beanspruchen oder lange im Voraus geplant werden müssen. Und zu guter Letzt: Genießt diese ganz besondere Rolle, die euch für immer verbinden wird!

DER TAG DER TRAUUNG

Es gibt einige Möglichkeiten, wie ihr heiraten könnt. In Deutschland führt zwar kein Weg am Standesamt vorbei, denn nur die standesamtliche Trauung wird hier rechtsverbindlich anerkannt, doch ihr könnt selbstverständlich noch zusätzlich eine freie oder kirchliche Trauung planen. Natürlich ist auch eine Hochzeit im Ausland möglich, doch hier solltet ihr je nach Land abklären, auf was ihr rechtlich achten müsst.

DIE STANDESAMTLICHE TRAUUNG

Es gibt mittlerweile viele Gemeinden, die auch eine standesamtliche Trauung im Freien oder in besonderen Räumlichkeiten anbieten, in denen ihr teilweise auch anschließend mit euren Gästen feiern könnt. Fragt unbedingt vorab bei verschiedenen Standesämtern in eurer Umgebung nach, welche Möglichkeiten es gibt. Eins muss euch allerdings bewusst sein: Die Standesbeamten müssen auf die rechtlichen Seiten der Eheschließung eingehen, und aus diesem Grund sind die Reden oft nicht so emotional wie bei einer kirchlichen oder freien Trauung.

DER TERMIN BEIM STANDESAMT

Ein paar Dinge sind überall gleich, aber wichtig ist dennoch, dass ihr euch einige Zeit vor der Anmeldung bei eurem Standesamt informiert, wie der Ablauf ist, ob Termine reserviert werden können und welche Unterlagen ihr vorlegen müsst. So seid ihr bestens vorbereitet für die Anmeldung!

DAS BENÖTIGT IHR FÜR DIE EHEANMELDUNG

Ihr könnt euch erst 6 Monate vor eurer standesamtlichen Trauung anmelden. Viele Standesämter reservieren euren Wunschtermin aber auch schon früher. Klärt das aus diesem Grund so früh wie möglich bei dem Standesamt eurer Wahl ab. Die Anmeldung zur standesamtlichen Trauung macht ihr in der Gemeinde, bei der ihr gemeldet seid, auch wenn ihr eigentlich an einem anderen Ort heiraten möchtet. Ihr benötigt zur Anmeldung der Eheschließung eine beglaubigte Abschrift aus dem Geburtenregister (nicht älter als 6 Monate) sowie eine erweiterte Meldebescheinigung. Die Meldebescheinigung kann der Standesbeamte euch manchmal auch vor Ort ausstellen. Die Abschrift aus dem Geburtenregister bekommt ihr in der Gemeinde, in der ihr bei eurer Geburt angemeldet wurdet. Informiert euch nochmal explizit, wenn eure Eltern geschieden sind oder ihr eine andere Staatsbürgerschaft als die deutsche habt, denn hier gibt es häufig Sonderregelungen! Bei der standesamtlichen Trauung selbst ist es wichtig, dass ihr sowie eure Trauzeug*innen einen aktuellen Reisepass oder Personalausweis dabeihabt.

DAS VORGESPRÄCH BEIM STANDESAMT

Bei diesem Termin vor eurer Trauung könnt ihr einmal mit dem Standesbeamten oder mit der Standesbeamtin den Ablauf eurer Trauung durchgehen. Diese Fragen solltet ihr vorab klären, denn nicht jedes Standesamt kann alle diese Dinge durchführen:

> Möchtet ihr den Ringtausch an eurer standesamtlichen Trauung ausführen?
> Wie viele Gäste passen in das Standesamt eurer Wahl?
> Möchtet ihr euch ein persönliches Eheversprechen geben?
> Möchtet ihr eine musikalische Untermalung? Wenn ja, welche Lieder und zu welchem Zeitpunkt?
> Dürfen eure Gäste nach der Trauung Blütenblätter oder Konfetti werfen?
> Hättet ihr gerne einen kleinen Sektempfang nach der Trauung? Wenn ja, gibt es vor Ort die Möglichkeit dazu?

DIE KIRCHLICHE TRAUUNG

Die traditionelle kirchliche Trauung ist natürlich immer noch eine wundervolle Art zu heiraten. Ihr müsst heutzutage nicht vorab standesamtlich geheiratet haben, um euch kirchlich trauen zu lassen. Ihr könnt die Reihenfolge also frei wählen. In der evangelischen Kirche gibt es auch die Möglichkeit, sich unter freiem Himmel trauen zu lassen. Wir selbst haben uns damals für eine christliche Trauung unter freiem Himmel entschieden. Sprecht einfach eure Gemeinde oder die Gemeinde, in der ihr euch trauen lassen möchtet, an. Denkt auch daran, dass es für Paare unterschiedlicher Konfession etwas komplizierter wird und sie sich eventuell das Einverständnis der jeweiligen Kirche einholen müssen. Eure Pfarrerin oder euer Pfarrer klärt gerne alle Fragen und Details zum Gottesdienst bei einem persönlichen Gespräch mit euch. Das gilt natürlich auch für alle anderen Religionen.

DIE FREIE TRAUUNG

Eine Trauung mit einem Freiredner oder einer Freirednerin könnt ihr ganz individuell und nach euren Wünschen gestalten. Ihr habt die Möglichkeit, euch überall trauen zu lassen, egal ob unter freiem Himmel, in einer Kapelle in den Bergen oder aber in einem Schloss. Freiredner*innen gehen ganz auf eure Wünsche und Bedürfnisse ein und gestalten die Trauung mit euch. Das heißt auch, dass ihr zum Beispiel bestimmte Traurituale einbauen könnt. Auch Wünsche eurer Freunde oder Familien lassen sich gut einbauen, entweder indem sie sie selbst vortragen oder indem der Trauredner oder die Traurednerin sie einbaut. Genauso habt ihr die Möglichkeit, eure eigenen Eheversprechen mit in die Traurede einzubauen. Wenn ihr euch also nicht wohl damit fühlt, diese Versprechen selbst vorzulesen, kann das die oder der Trauredner*in übernehmen.

NAMENSÄNDERUNG

Egal, für welche Form der Trauung ihr euch entscheidet, ihr solltet frühzeitig die Nachnamens-Frage klären. Möchtet ihr jeweils euren eigenen Namen behalten oder euch ganz traditionell für einen Familiennamen entscheiden? Es gibt verschiedene Möglichkeiten: Jeder behält seinen eigenen Familiennamen. Man kann dann einen Ehenamen eintragen lassen, der zum Beispiel auch automatisch den Nachnamen eines Kindes festlegt. Oder ihr entscheidet euch für einen Doppelnamen. Diesen trägt dann allerdings nur ein Partner. Eure Kinder können den Doppelnamen nicht annehmen. Die noch immer beliebteste Variante ist: Ihr entscheidet euch für einen gemeinsamen Familiennamen, es legt also eine oder einer in der Beziehung seinen Nachnamen ab.

DAS EHEGELÜBDE

Euer eigenes Eheversprechen ist ein sehr emotionaler Moment an eurer Hochzeit. Ihr schreibt beispielsweise in ein Büchlein oder auf einen Zettel, was ihr an eurem Partner oder eurer Partnerin schätzt, was ihr alles schon zusammen erlebt habt, wie ihr gemeinsam gewachsen seid und warum ihr von nun an bis an das Ende eurer Tage gemeinsam durchs Leben gehen wollt.

WANN WIRD ES VORGELESEN?

Diese Entscheidung bleibt ganz euch überlassen. Ihr könnt euer Eheversprechen in eure Trauung integrieren. Erfahrungsgemäß löst dieser Moment auch bei euren Gästen ein Feuerwerk der Gefühle aus. Allerdings ist dies nicht für jedes Paar der richtige Moment. Ihr könnt euch euer Eheversprechen alternativ ganz privat und persönlich bei eurem First Look vortragen oder aber vor eurem gemeinsamen Shooting. Oder ihr lasst eure*n Trauredner*in ein paar Worte, die ihr vorher abgesprochen habt, sagen – dann verschlägt es euch nicht die Sprache. Besprecht das am besten vorab miteinander. Auch euer Kamera- und Filmteam sollte vorab informiert sein, damit sie den richtigen Zeitpunkt nicht verpassen und festhalten können.

Dennis und ich hatten uns dafür entschieden, uns das ausführliche Eheversprechen ganz persönlich und vertraut bei unserem First Look zu geben. An der Trauung selbst haben wir eine verkürzte Version gewählt. Für uns war dies eine super Alternative.

DEN ABLAUFPLAN EURER HOCHZEIT FESTLEGEN

Natürlich solltet ihr euch auch einmal Gedanken zum Ablauf eurer Hochzeit machen. Um wie viel Uhr soll eure Trauung stattfinden? Möchtet ihr einen Sektempfang haben? Soll dieser vor oder nach der Trauung stattfinden? Die Hochzeitstorte als Dessert oder doch zum Kaffee am Nachmittag? Ein gut durchgeplanter Ablaufplan gibt euch viel Sicherheit, und auch eure Gäste haben einen groben Überblick über euren Tag. Ich kann euch empfehlen, nicht später als 14 Uhr mit eurer Trauung zu starten, da dieser Tag sowieso schon superschnell vorbeigeht. Der Morgen einer jeden Hochzeit startet mit dem Getting Ready, welches oftmals schon von einem Kamerateam begleitet wird. Die verschiedenen Dienstleister sollten vorab Bescheid wissen, wann sie wo vor Ort sein sollen. Tragt euch einmal alle Dienstleister, also Stylist*in, Deko & Floristik, das Foto- und Videoteam, das Catering, Trauredner*in und die Musik, die ihr für euren Tag gebucht habt, inklusive der Telefonnummern in den Planer auf Seite 3 ein und schreibt die Uhrzeit dazu, wann sie jeweils vor Ort sein müssen.

DIE ORGANISATION AM TAG SELBST

Wir hatten zwar keine*n Weddingplaner*in, allerdings habe ich zwei Wochen vor der Hochzeit für unseren großen Tag jemanden organisiert, der sich um alle Dienstleister an dem Tag kümmert. Hier könnt ihr auch eure Trauzeug*innen, Freunde oder ein Familienmitglied beauftragen. Somit könnt ihr den Tag komplett genießen.

WAS DAUERT WIE LANGE?

Es gibt ein paar Punkte, die beim Ablaufplan gerne vergessen werden, dazu gehört zum Beispiel die Fahrtzeit von der Wohnung zum Trauort oder von dort weiter zur Location. Am besten, ihr fragt eure Dienstleister, wie beispielsweise das Team der Feierlocation, das Catering und natürlich die Stylistin oder den Stylisten, wie viel Zeit ihr einplanen solltet.

Auf den Seiten 51 und 53 im Planer findet ihr Platz für euren ganz persönlichen Ablaufplan.

HIER FINDET IHR UNSEREN GENAUEN ABLAUFPLAN DER HOCHZEIT:

8:15 UHR

Ankunft Visagistin, Kamera-Team, Braut, Trauzeugin, Brautjungfern und Mutter der Braut

8:30 UHR

Start Haar und Make-up für Mutter der Braut &
Trauzeugin (ca. 45 Minuten pro Person)

9:30 UHR

Ankunft von Bräutigam, Trauzeuge & Freunden

10–11:30 UHR

Haar und Make-up der Braut

11:30–11:45 UHR

Shooting mit den Mädels und der Mutter

12:00 UHR

Unser First Look an einer besonderen Stelle
Wir tragen unser Eheversprechen vor.
Das Kamerateam ist dabei.

13:30 UHR

Jetzt müssen Band, DJ, Deko und Catering mit
dem Aufbau fertig sein.
Auch die Braut muss wieder ins Haus, da die
Ankunft der Gäste bevorsteht.

14 UHR

Die Sängerin und der Pastor müssen vor Ort sein.

14:30 UHR

Die freie Trauung unter den
Lindenbäumen beginnt.

15 UHR

Die Torte wird geliefert und aufgebaut.

15:30 UHR

Sektempfang mit Café-Bus

16 UHR

Anschnitt der Torte

17 UHR

Luftballons steigen lassen

18:30 UHR

Die Gäste begeben sich zu den Tischen
für das Abendessen.
Die Band zieht mit um.

18:30–19:00 UHR

Rede der Trauzeugin vor dem Essen
Danksagung von Braut und Bräutigam

19:00 UHR

Eröffnung BBQ

20 UHR

Fotoshooting Braut und Bräutigam

21 UHR

Der DJ trifft ein.

21:30

Die Bar wird eröffnet.
Der DJ eröffnet den Tanz von
Braut & Bräutigam.

. . . .

Diesen groben Ablaufplan haben wir
unseren Gästen mitgeteilt:

14 Uhr Eintreffen der Gäste
14:30 Uhr Trauung
15:30 Uhr Sekt, Kaffee & Kuchen
18:30 Uhr Abendessen
22:00 Uhr Party
24 Uhr Mitternachtssnack

Die Papeterie

Von Save the Date bis Dankeskarten

Menü

Vorspeise
Antipastivariationen
Salate der Session mit diversen Dressings

Hauptspeisen
Roastbeef in einer Senf Kräuter Marinade
serviert mit Süßkartoffeln

Hähnchenbrust auf auf Cherrytomaten
dazu eine Honig- Senf Soße

Lachs vom Grill mit Rosmarinkartoffeln
und diversem Gemüse

Nachspeisen
Obstsalat mit karamellisierten Erdnüssen
Tiramisu im Glas

Finn

Anna

Sabine

Michael

Details

Kirchliche Trauung
St. Petruskirche Tübingen

K&L

Kim und *Luis*

Wir sagen Ja!

DIE PAPETERIE

Ein wichtiger Bestandteil der Hochzeit, den viele Paare hinsichtlich Budget und Zeitaufwand unterschätzen, ist die Papeterie. Heutzutage hat man nicht nur bei den Outfits eine unglaublich große Auswahl, sondern auch hier. Von der Save-the-Date-Karte aus Plexiglas bis zur Schrift aus Goldfolie ist alles möglich. Natürlich ist dies auch wieder eine Frage des Preises und wie viel Wert man darauf legt. Ihr habt die Möglichkeit, die Papeterie selbst zu basteln, im Internet zu designen oder Vorlagen zu personalisieren. Wir haben jedoch jemand Professionelles damit beauftragt. Toll ist es, wenn alles in einem Stil gehalten ist. Wenn ihr aber bei der Save-the-Date-Karte noch nicht so weit seid, wählt einfach ein neutrales Design, das schon grob eurer Stilvorstellung entspricht.

ZUR PAPETERIE GEHÖREN:

> Save the Date (kann, muss aber nicht)
> Einladungen
> Kirchenheft/Programmheft (kann, muss aber nicht)
> Ablaufplan (kann, muss aber nicht)
> Menü- und Getränkekarten
> Namensschilder
> Dankeskarten

Auf den folgenden Seiten findet ihr ein paar Inspirationen und Erklärungen der einzelnen Punkte.

Jakes
GELÜBDE

Juli...
GELÜ...

Let's Eat!

Jake

KRAFTBRÜHE MIT INNEREN WERTEN,

SUPPENGRÜN & GÄNSESCHMALZSTULLE

GÄNSEBRUST MIT ROSENKOHL,

ROTKOHL & SERVIETTENKNÖDEL

HOCHZEITSTORTE

& Ja...

WIR SAGEN JA!

UND MÖCHTEN MIT EUCH FEIERN.

AM 08. AUGUST 2020 UM 16 UHR

WIR FREUEN UNS AUF EIN WUNDERBARES FES...

Tisch 1

SAVE THE DATE

Julia & Jake

08. AUGUST 2020

EINLADUNG FOLGT

INDIVIDUELL GEFERTIGTE PAPETERIE

Es gibt viele Anbieter, die individuell angefertigte Ein-ladungen und Tischkarten anbieten. Sie erstellen ein persönliches Hochzeitslogo oder gestalten die Karten mit kalligrafischen Elementen. Diese Variante ist indi-viduell, aber auch nicht ganz günstig.

Getränke

ALKOHOLFREIE GETRÄNKE

Apfelschorle
Johannisbeerschorle
Holunderschorle
Fanta
Coca Cola
Stilles Wasser
Sprudel

BIERAUSWAHL

Weizen
Pils
Naturradler
Desperados

WEIN- UND SEKTAUSWAHL

Hugo
Sekt
Rotwein
Weißwein

COCKTAILS AN DER BAR.

Wir wünschen unseren Gästen einen
GUTEN APPETIT!

Isabella

Julian

PERSONALISIERTE DESIGNS

Online findet ihr viele Papeterie-Hersteller, die bereits vorhandene Designs anbieten, die ihr dann mit eurem ganz persönlichen Text individualisieren könnt. Meistens ist bei der Farbe oder der Schriftart nicht mehr viel zu machen. Aber bei der großen Vielfalt findet man etwas, das zum Stil der eigenen Hochzeit passt. Häufig senden diese Anbieter auch Probeexemplare zu, sodass ihr euch einen Eindruck vom Papier verschaffen könnt.

Save the Date

19. JULI 2019

Patrizia & Dennis

Dieter

Ebru

Information
Location

Kleiner Tipp: Bitte gebt ins Navi „Gasthaus

Hotels

Wir haben für Euch in diesen beiden Hotels
Bitte bucht diese eigenständig unter oben angege

Shuttle-Service

Ein Shuttle-Service wird Euch um 13:30 Uhr am je
und zur Location bringen. Dieser wird auch
bereit stehen, um Euch sicher ins Hotel

Rückmeldung

Bitte gebt uns bis zum 30. April 2019 Bescheid,
ob Ihr an diesem Tag mit uns feiert!

nser Tag

14:00 H
EINTREFFEN

15:30 H
SEKT, KAFFEE & KUCHEN

22:00 H
PARTY

24:00 H
MITTERNACHTSSNACK

Details

Kirchliche Trauung
St. Petruskirche

Location
Hofgut

Hotel
Hotel
Tübingen

Wir haben für euch in diesem Hotel Zimmer reserviert.
Bitte bucht diese eigenständig unter der oben angegebenen
Telefonnummer.

K&L

Kim und *Luis*

Samstag 08.08.2020 13:30Uhr

Wir sagen Ja!

SELBST GEMACHTE PAPETERIE

Die Papeterie könnt ihr auch ganz einfach selbst machen. Mit vielen verschiedenen Highlights wie Stempeln, Trockenblumen, individuellem Siegelstempel und Wachs wird eure Papeterie zum Hingucker. Stöbert einfach mal im Internet und in verschiedenen Kreativgeschäften. Das Tolle daran ist, dass die Papeterie so wirklich persönlich wird. Aber man sollte den Zeitaufwand nicht unterschätzen.

DIE SAVE-THE-DATE-KARTE

Sie ist für alle Gäste, die zur Hochzeit eingeladen sind. Ihr habt vielleicht schon die Location und das Datum festgelegt, aber so etwas wie ein Ablaufplan, die Uhrzeit, die Übernachtungsmöglichkeiten und mehr kennt ihr noch nicht. Wichtig dabei ist, dass die Save-the-Date-Karte so früh wie möglich, spätestens aber 7 Monate vor dem Hochzeitsdatum versendet wird, damit eure Gäste sich den Tag freihalten können. Ihr könnt natürlich auch alle Gäste persönlich anrufen oder per E-Mail anschreiben. Auf der Save-the-Date-Karte steht lediglich das Datum, an welchem Tag eure Hochzeit stattfinden soll, und ein netter, kleiner Text.

BEISPIELTEXTE FÜR DIE SAVE-THE-DATE-KARTEN:

Wir sagen Ja!
Und möchten diesen besonderen Tag mit euch feiern!
Bitte reserviert euch den 24. Juli 2021 für uns.
Weitere Details folgen mit unserer Einladung.

Das wird unser Tag!
Am 24. Juli 2021 wollen wir uns das Jawort geben.
Wir freuen uns jetzt schon auf einen unvergesslichen Tag mit euch.
Die Einladung mit allen Details folgt in Kürze.

Wir wollen heiraten!
Deshalb haltet euch bitte den 24. Juli 2021 frei.
Weitere Informationen folgen in Kürze.

SAVE THE DATE

...ia & Jake

08. AUGUST 2020

EINLADUNG FOLGT

Tisch

1

...at!

...Mia & Jake

WIR SAGEN JA!

UND MÖCHTEN MIT EUCH FEIERN.

AM 08. AUGUST 2020 UM 16 UHR

WIR FREUEN UNS AUF EIN WUNDERBARES FEST.

...ERTEN,

...LZSTULLE

...OHL,

...ÖDEL

DIE EINLADUNGSKARTEN

Eure Einladungskarten können gestaltet und versendet werden, sobald der Ablaufplan, die Unterkünfte sowie gegebenenfalls der Transport für die Gäste final stehen. Ich persönlich finde es wichtig, dass die Gäste einen groben Leitfaden für den Tag haben, aus diesem Grund würde ich euch einen Ablaufplan empfehlen – dies ist allerdings kein Muss. Natürlich dürfen Datum, Uhrzeit sowie Ort der Trauung und der Feier nicht fehlen. Ein schöner und persönlicher Spruch ist auch immer sehr beliebt. Die Einladungskarten sollten spätestens 3 Monate vor der Hochzeit versendet werden. Wir haben uns damals gegen eine Antwortkarte entschieden und unsere Handynummern für die Zu- oder Absage vermerkt. Die Gäste sollten euch bis spätestens 2 Monate vor der Hochzeit zu- oder abgesagt haben sowie Bescheid geben, ob sie eine Unterkunft zur Übernachtung benötigen. Sprecht aber auch eure Dienstleister wie Catering und Location an und fragt, bis wann sie die finale Gästeanzahl wissen müssen. Habt ihr einen Dresscode und weitere Infos zur Anfahrt oder einen Geschenkewunsch, dann könnt ihr diese Dinge auch in der Einladungskarte vermerken. Wenn ihr möchtet, könnt ihr auch die Handynummern eurer Trauzeug*innen auf die Karte schreiben und diese als Ansprechpartner für Fragen nennen – so könnt ihr eventuelle Fragen auf mehrere Schultern verteilen, und auch Überraschungen für euch können ohne euer Wissen geplant werden.

WEITERE PAPETERIE

Neben den Einladungen gibt es auch bei der Feier selbst viele Möglichkeiten, schöne Papierelemente einzusetzen und so den Stil immer wieder aufzugreifen. Hier zeige ich euch ein paar Beispiele.

MENÜKARTEN

Nach der genauen Absprache mit dem Catering könnt ihr eure Menükarten und Getränkekarten gestalten. Fragt bei Unklarheiten am besten bei eurem Cateringteam nach der genauen Bezeichnung der Gerichte. Wir haben uns damals dazu entschieden, auch die Getränke auf die Rückseite der Menükarten zu drucken.

– SPARTIPP –

Nicht jeder Gast benötigt eine Menükarte auf dem Platz. Vor allem, wenn es sich um ein Büfett handelt. Hier reicht eine Karte für einen Tisch mit vier bis acht Personen.

NAMENSSCHILDER

Namensschilder am Platz sind nicht nur für die Sitzordnung wichtig, sondern werden von vielen Gästen auch als Erinnerungsstück mitgenommen. Außerdem sind sie eine tolle Gelegenheit, die Tische zusätzlich zu dekorieren und so zu individualisieren. Ihr findet hierzu auf den Seiten 30–33 einige DIY-Ideen.

SITZPLAN

Als Gast interessiert einen besonders, wo und mit wem man zusammensitzt. Damit eure Gäste direkt einen Überblick bekommen, könnt ihr am Eingang der Location einen Sitzplan aufstellen, zum Beispiel in Form eines Plakats auf einer Staffelei. So finden alle Gäste ganz einfach und unkompliziert ihren Platz. Hierbei hilft auch eine Nummerierung der Tische. Ihr könnt die Tische auch thematisch aufteilen und beispielsweise nach euren Lieblingsurlaubszielen benennen. So finden eure Gäste beispielsweise am Tisch »Spanien«, »Kanada« oder »Südafrika« Platz. Es gibt auch hier viele kreative Möglichkeiten!

DANKESKARTEN

Die Dankeskarten sind nochmal eine tolle Geste für eure Gäste. Vor allem auch für die, die nicht auf eurer Hochzeit eingeladen waren und euch trotzdem etwas geschenkt haben. Mit einem tollen Hochzeitsbild von euch sind sie auch ein schönes Andenken an euren unvergesslichen Tag. Vergesst bei der Planung nicht, dass ihr vermutlich viel mehr Dankeskarten benötigen werdet, als ihr Gäste auf eurer Hochzeit hattet und macht euch beim Geschenkeauspacken eine Liste, wer was geschenkt hat, damit ihr das später gut nachvollziehen könnt und niemanden vergesst.

– BUDGETLISTE –

Save-the-Date-Karten: 1,50 bis 2,50 € pro Stück
Einladungen: 2,50 bis 3,50 € pro Stück
Menükarten: 1,00 bis 3,00 € pro Stück
Namenskarten: 0,50 bis 2,00 € pro Stück
Kirchenhefte: 1,00 bis 3,00 € pro Stück
Dankeskarten: 2,00 bis 3,50 € pro Stück
Gästebuch: ca. 30 € pro Stück
Fotobuch: 30 bis 300 € pro Stück

Beispiel Einladung, professionell angefertigt:
ca. 6,00 € pro Stück
Beispiel Einladung, online bestellt:
ca. 2,00 € pro Stück
Beispiel Einladung DIY:
ca. 2,50 € pro Stück

INSGESAMT
Papeterie: ca. 5 bis 25 € p. P.